Smoothies
& Powershakes

Smoothies
& Powershakes

Inhalt

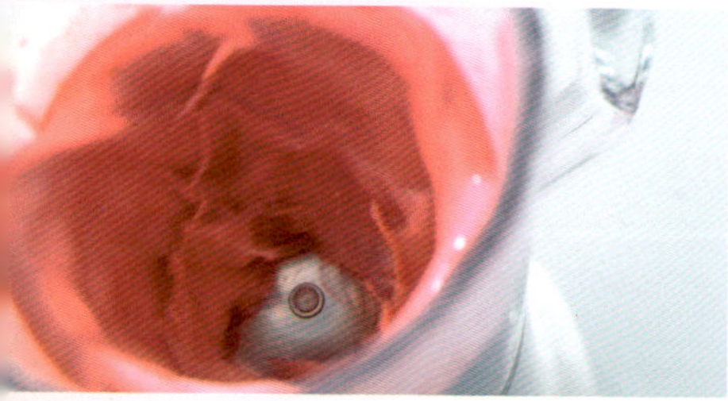

Einleitung

Sie sind lecker und gesund und absolute Trendgetränke: Smoothies und Saftshakes. „Smoothie“ stammt aus dem Englischen und beschreibt die Konsistenz des Getränks: dickflüssige Säfte aus Früchten aller Art, teilweise angereichert mit Gemüse. Smoothies sind „smooth“, was so viel bedeutet wie „weich“ bzw. „sämig“. Anders als Obstsäfte, die lediglich aus dem gepressten Saft von Früchten bestehen und daher auch nicht sämig sein können, werden Smoothies aus ganzen Früchten hergestellt. Es werden vor allem Früchte der jeweiligen Saison püriert und wenn dieses Fruchtpüree allzu dickflüssig gerät, wird es mit – am besten selbst gepresstem – Saft, Milch oder Wasser verdünnt. Das Schöne ist: Für die Möglichkeiten der Zusammenstellung von Frucht und Co. gibt es keine Grenzen, alles ist möglich.

Das Prinzip der Smoothie-Herstellung ist sicherlich nicht neu. Besonders in sonnigen Ländern mit reichhaltigem Früchteangebot werden Fruchtsäfte und Pürees seit Jahrtausenden gemixt und getrunken. Einschneidend für die Geschichte des Smoothies ist die Entwicklung des Mixers bzw. des sogenannten Pürier- oder Zauberstabs, mit dem sich in Sekundenschnelle besonders schöne Konsistenzen herstellen lassen. Auch die delikate Verbindung von pürierter Frucht und Eis mithilfe eines Mixers war für die Qualität dieser Mixgetränke ein Meilenstein.

Ursprünglich kommt die Idee der modernen Smoothies aus den USA. Dort, genauer im New Orleans der sechziger Jahre, lebte Stephan Kuhnau. Kuhnau litt an einer Reihe von Lebensmittelallergien und war obendrein zuckerkrank. Er begann, frische Früchte und verschiedene Nahrungsmittelzusätze zu mischen, um seine Symptome zu lindern. In kürzester Zeit verbesserte sich sein Gesundheitszustand so grundlegend, dass er 1973 einen ersten „Smoothie-Shop“ eröffnete, in dem er seine Ideen und Erfahrungen weitergab und obendrein köstliche Smoothies verkaufte. Die Idee zündete sofort: Gesunde und köstliche Drinks, die keinen Alkohol enthalten, also familientauglich sind, und zudem eine unendliche Spielwiese der Variationen bieten – dieses Geschäftsmodell kam an und verbreitete sich schnell. In den Vereinigten Staaten gibt es fast in jeder Stadt diverse Smoothie-Shops, die frische Smoothies in allen erdenklichen Variationen anbieten. Mittlerweile gibt es auch in Deutschland einen regelrechten Smoothie-Boom. Innerhalb von nur wenigen Monaten brachten kleine und große Unternehmen dickflüssige Fruchtmischungen auf den Markt, die immer größeren Anklang finden. Hierbei gibt es allerdings ziemlich deutliche Geschmacks- und Qualitätsunterschiede. Der wesentliche Unterschied ist der jeweilige Anteil von Fruchtpüree und die Frische der Zutaten. Bei einigen Herstellern bestehen die Smoothies hauptsäch-

lich aus fertigen Säften, was die Qualität bereits herabsetzt. Da es sich zudem recht häufig dabei noch nicht einmal um Direktsäfte, sondern um Fruchtkonzentrate oder Nektar mit sehr geringem Fruchtgehalt handelt, wird die Qualität noch weiter beeinträchtigt. Auch das Haltbarmachen durch Erhitzen, wobei natürlich wichtige Vitamine auf der Strecke bleiben, hat nichts mehr mit der Ur-Idee des frisch gepressten und sofort konsumierten Smoothies zu tun.

Echte Smoothies bestehen aus mehr oder weniger kompletten Früchten, die ganz frisch im Mixer und unmittelbar vor dem Verzehr zubereitet werden, verdünnt mit frischem Saft, Milch oder Wasser. Nur so stellt sich das Geschmackserlebnis ein, das so viele Menschen weltweit begeistert und zu echten Smoothie-Fans macht.

Wirklich frische Smoothies kann man daher nur in der Gastronomie bekommen – oder aber zu Hause herstellen, wo sie individuell, schnell und nur aus den besten Früchten im Mixer zubereitet werden. Das Tolle ist: Solche echten Smoothies sind nicht nur besonders lecker, sondern auch extrem gesund.

Sie sind reich an Mineralien, Vitaminen, Ballaststoffen und wichtigen Spurenelementen und machen es leicht, dem Körper regelmäßig etwas Gutes zu tun.

Mit Smoothies und Saftshakes verbinden sich Gesundheit, Genuss und Spaß auf eine ganz besonders angenehme Art und Weise.

Generell sind für Smoothies besonders die voll ausgereiften Früchte geeignet, denn sie machen zusätzliche Gaben von Zucker unnötig. Außerdem gibt reifes Obst viel mehr Saft ab und ist im Geschmack besonders aromatisch. Eine Frucht taucht in besonders vielen Rezepturen auf: Es ist die Banane, die die Cremigkeit erhöht, ohne dass sie geschmacklich zu sehr in den Vordergrund tritt. Auch Joghurt, Kefir und andere Milchprodukte haben diesen Effekt und bringen zudem weitere wertvolle Inhaltsstoffe ein.

Frische Früchtchen

Inzwischen hat es sich herumgesprochen: Ernährungsphysiologisch ist es wesentlich sinnvoller, seine tägliche Obst- und Gemüseration in frischer Form zu sich zu nehmen, als die fehlenden Vitamine und Nährstoffe in Tablettenform zu schlucken. In frischen Früchten sind wichtige Nahrungsfasern und Mikronährstoffe enthalten, die den industriell hergestellten Pillen fehlen.
Doch auch bei frischen Zutaten gibt es große Qualitätsunterschiede: Ein langer Transportweg, zu frühes Ernten und jede längere Lagerzeit kann den Gehalt der gesunden Inhaltsstoffe verringern. Rückstände von Pflanzenschutzmitteln können der Gesundheit sogar schaden.
Es ist daher wichtig, immer möglichst frische und reife Saisonprodukte zu verwenden, die idealerweise ungespritzt sind. Unser Kalender zeigt, welche einheimischen Früchte zu welcher Zeit Saison haben:

Früchte-Saison-Kalender

○ = Haupterntezeit ● = Vor- bzw. Nachsaison

	Jan.	Feb.	März	April	Mai	Juni	Juli	Aug.	Sep.	Okt.	Nov.	Dez.
Äpfel						●	●	○	○	○	○	
Aprikosen						○	○	○				
Birnen							●	○	○	○	○	
Brombeeren							●	○	○	●		
Erdbeeren					○	○	○	●	●			
Heidelbeeren						●	○	○	○			
Himbeeren					●	○	○	○	○			
Holunderbeeren									○	○		
Johannisbeeren						●	○	○	●			
Kirschen						○	○	○				
Mirabellen							●	○	○			
Nektarinen						○	○	○	●			
Nüsse							●	●	○	○	○	●
Pfirsiche							○	○	○			
Pflaumen							○	○	○			
Preiselbeeren								○	○	○		
Quitten									●	○	○	●
Reineclauden							○	○	○			
Rhabarber				○	○	○	●					
Stachelbeeren						○	○	○	●			
Weintrauben								●	○	○		
Zwetschgen							○	○	○			

Tipps und Tricks zur frischen Saftherstellung

Da Smoothies häufig mit Säften verdünnt werden und Sie außerdem in diesem Buch zusätzlich zu den Smoothies-Rezepten auch Ideen für reine Saftshakes erhalten, sollen an dieser Stelle Methoden zur Saftgewinnung erklärt werden. Für alle, die nicht auf Fertigsäfte zurückgreifen möchten, sondern einen ganz besonderen Gaumenschmaus anstreben.

Es gibt verschiedene Methoden, den Früchten ihren Saft zu entlocken. Das Equipment ist dabei nicht unerheblich, ein echter Frucht-Fan möchte ja schließlich, dass der Spaß schon bei der Zubereitung anfängt. Ein Tipp vorneweg: Metallische Küchengeräte, die im Zusammenhang mit Früchten zum Einsatz kommen, sollten aus Edelstahl sein, ansonsten gibt es unerwünschte Wechselwirkungen.

Kaltentsaften

Vollkommen ohne Erhitzen kann man beispielsweise aus Himbeeren Saft und sogar Sirup herstellen: Die Himbeeren werden sorgfältig verlesen, gewaschen und trocken getupft in eine Schüssel gegeben. Zu 1 kg Früchte werden 1 Liter Wasser und 90 g Zitronensäure gegeben. Lassen Sie das Ganze 24 Stunden ziehen und rühren Sie zwischendurch ein paar Mal um. Am nächsten Tag wird der Saft abgeseiht, zum Beispiel durch ein Siebtuch. Siebtuch und Schüssel müssen dabei fixiert stehen können, denn der Entsaftungsprozess ist zwar simpel, braucht aber Zeit: Erst nach 1 bis 2 Stunden ist der gesamte Saft durchgelaufen. Sie sollten dabei die Früchte nicht in dem Tuch pressen, denn dann wird die Farbe des Saftes nicht optimal brillant, sondern durch durchgepresste Fasern getrübt. Soll aus dem Saft ein Sirup entstehen, so kommen zu dem gewonnenen Himbeersaft (circa 1,5 Liter) noch 1,5 kg Zucker und 1,5 Päckchen Einmachhilfe. Das Ganze muss nun mindestens 10–20 Minuten gerührt werden – mindestens aber so lange, bis sich der Zucker vollständig aufgelöst hat. Danach wird der Himbeersirup in heiße, sterile Flaschen umgefüllt. Anders als bei Gelee muss der entstandene Schaum nicht abgeschöpft werden, denn er verflüchtigt sich am nächsten Tag von allein.
Ein solcher kalt gepresster Sirup lässt sich gut aus Beeren mit hohem Fruchtsaftgehalt herstellen.

Dampfentsaften

Für diese Methode brauchen Sie einen speziellen Topf: den sogenannten Dampfentsafter. Er enthält ein Fruchtsieb, in das das Obst eingefüllt wird. Erhitzt man nun auf dem Herd das Wasser im unteren Teil, dringt der Wasserdampf bis in das ganz oben gelegene Fruchtsieb vor, die Früchte platzen, und der Saft läuft in den darunterliegenden Saftbehälter ab. Der Behälter hat einen Abzapfhahn mit Schlauch, durch den der Saft in Flaschen gefüllt werden kann.
Das Dampfentsaften eignet sich für Beeren sowie für zerkleinertes Stein- und Kernobst. Bei sauren Früchten kommt etwas Zucker dazu: Auf 1 kg Früchte rund 100 g. Knapp 1 Stunde dauert das Entsaften z. B. von Äpfeln im Dampfentsafter. Bei Beeren geht es wesentlich schneller: Bei Himbeeren dauert es beispielsweise 30 und bei Brombeeren 40 Minuten. Der noch heiße Saft wird bis zum Rand in sterilisierte, heiße Glasflaschen abgefüllt. Dann werden die Flaschen dicht verschlossen und für ca. 5 Minuten auf den Kopf gestellt. Das Umdrehen und das langsame Abkühlen sorgen für ein keimfreies Vakuum, sodass der Saft etwa ein Jahr lang haltbar ist.

Entsaften mit der Zentrifuge

Zentrifugen arbeiten, wie der Name schon sagt, mit der sogenannten Zentrifugalkraft: Unten sitzt ein Motor, oben eine Zerreißscheibe. Die Früchte werden oben eingefüllt und während des Verfah-

rens gegen die Zerreißscheibe gedrückt. Dabei werden sie zerkleinert und nach außen geschleudert. Die festen Bestandteile bleiben in der Trommel hängen und der Saft läuft durch die entsprechenden Löcher in einen darunterliegenden Behälter ab. Die Zentrifuge eignet sich für alle saftigen Früchte, die auch kleine Kerne enthalten können.
Steinobst muss zuvor entsteint und Äpfel müssen vom Kerngehäuse befreit werden, da sonst nur ein dickflüssiger Brei entsteht. Eine Saftzentrifuge eignet sich vor allem für die Herstellung von Säften, die sofort getrunken werden.

Flaschen und Gläser sterilisieren
Ob man nun kalt- oder heißentsaftet: Die Flaschen und Gläser, in die der Saft oder Sirup gefüllt wird, sofern er nicht sofort verbraucht wird, müssen absolut sauber und keimfrei sein, sonst kann sich schnell Schimmel bilden.

Um die Flaschen und Gläser vor dem Abfüllen zu sterilisieren, müssen sie erhitzt werden, damit sie keimfrei sind, aber auch deshalb, weil kaltes Glas beim Einfüllen von heißer Flüssigkeit springen könnte. Sie können die Gefäße und die Deckel mit kochendem Wasser aus dem Wasser-

kocher übergießen, Sie können aber auch die Deckel abkochen und die Gefäße in den 100 °C heißen Backofen stellen.

Pürieren im Mixer

Wer denkt, dass alle Mixer gleich sind, der irrt, denn es gibt nicht nur verschiedene Preise, sondern auch große Qualitätsunterschiede. Folgende Checkliste soll beim Kauf dieser elementaren „Smoothie-Hardware“ helfen, die richtige Wahl zu treffen:

➢ Hat das Gerät mehrere Schaltstufen, die tatsächlich deutlich unterschiedliche Geschwindigkeiten anbieten?
➢ Ist der Behälter groß genug?

➢ Hat das Gerät einen ausreichend starken Motor und hat der Motor einen eingebauten Überhitzungsschutz?
➢ Lässt sich das Gerät gut auseinandernehmen und passen die Teile in die Spülmaschine?
➢ Hat das Gerät rutschfeste und Lärm dämpfende Gummifüße?
➢ Besitzt es ein ausreichend langes Kabel?
➢ Besitzt es gute Edelstahl-Messer?

Zusätzliche Features:

➢Gibt es einen Spezialaufsatz zum Hacken und Zerkleinern von trockenen Lebensmitteln oder/und einen Spezialaufsatz zum Hacken und Zerkleinern von feuchten Lebensmitteln?
➢ Kann das Gerät Eiswürfel zerkleinern?

Pep-ups

Bei der Dekoration von Smoothies und Saftshakes sind der Kreativität keine Grenzen gesetzt. Ins und ans Glas darf alles, was gefällt, schmeckt und zum jeweiligen Smoothie passt. Um den Eigengeschmack eines Rezepts nicht zu überdecken, sollte man allerdings darauf verzichten, andere oder sehr dominierende Aromen für die Dekoration zu verwenden, als die, die im Smoothie-Rezept vorkommen.

Überraschen Sie also Ihre Gäste mit kreativen, frischen und fruchtigen Dekorationen, denn das Auge trinkt ja bekanntlich mit. Ein paar Anregungen und Tipps möchten wir Ihnen nicht vorenthalten:

Deko-Tipps mit Früchten

Für das Dekorieren mit Früchten gibt es zwei Grundvarianten. Erstens: Sie stecken ein paar besonders schöne Exemplare der verwendeten Früchte auf einen Fruchtspieß. Oder zweitens: Sie stecken die Fruchtdekoration an den Glasrand. Für Letzteres sind Orangen-, Zitronen- oder Limettenscheiben bekannt und beliebt. Sehr geeignet für diese Art der Glasranddekoration ist außerdem die Sternfrucht. Auch festere Kiwis lassen sich hierfür verwenden, ebenso Ananas- und Melonenspalten. Besonders apart ist es in diesen Fällen, die Schale an der Frucht zu lassen.

Hübsch sieht auch die Schalenspirale von Orange, Zitrone oder Limette aus: Eine unbehandelte Zitrusfrucht gut waschen und mit einem scharfen Messer vorsichtig ohne die weiße, bittere Haut möglichst gleichmäßig abschälen. Die Spirale ins Glas einhängen und ein bisschen andrücken, damit ein wenig Schalenöl den Drink mit einem Hauch Extra-Aroma verwöhnt. Diese Dekoration eignet sich dann ganz besonders, wenn Zitrusfrüchte auch im Rezept eine Rolle spielen.

Kleine Fruchtspießchen können optisch schon einen kleinen Hinweis geben, welche Früchte in dem Smoothie enthalten sind. Je nach Zusammenstellung des Smoothies können Sie beispielsweise Ananasstückchen, Orangenscheiben, Kiwischeiben, Kirschen oder Trauben auf einen Holzspieß, z. B. einen Zahnstocher, stecken und den Fruchtspieß anschließend einfach auf den Rand des Glases legen. Wenn Sie es süß und bunt mögen, können Sie auch Cocktailkirschen verwenden, die passen eigentlich immer. Auch Amarenakirschen sind eine schöne Zugabe besonders zu Smooties mit Eis oder Sahne.

Längere Spieße wie Schaschlikstäbe sind ebenso geeignet: Spießen Sie drei oder vier Früchte auf und schieben Sie sie an das stumpfe Ende des Spießes, dann stellen Sie ihn in das Glas, sodass die Früchte oben herausschauen.

Richtig ausgefallen wird die Dekoration, wenn Sie auf Natur-Spieße zurückgreifen. Zitronengras eignet sich hierfür ganz besonders, da es schön fest ist und mit seiner Zitrusnote ohne Säure zusätzliches Aroma gibt.

Dekorationen mit Eiswürfeln

Mit Eiswürfeln lassen sich Smoothies sehr wirkungsvoll dekorieren. In Eiswürfeln eingeschlossene Früchte sehen sehr edel und stimmungsvoll aus und machen im Gegenzug kaum Arbeit. Geben Sie dazu einfach kleine Fruchtstückchen oder Beeren in den Eiswürfelbehälter, füllen Sie alles mit Wasser auf und gefrieren Sie es im Tiefkühlfach. Kleiner Tipp:

Besonders klar und brillant werden die Eiswürfel, wenn Sie aufgekochtes Wasser verwenden.

Auch farbige Eiswürfel sehen sehr schön aus: Dazu einfach Saft oder (verdünnten) Sirup in den Eiswürfelbehälter füllen und ausreichend lange im Gefrierfach lagern. Durch solche Eiswürfel erzielen Sie den zusätzlichen Effekt, dass sich der Saft des Eiswürfels langsam unter das Getränk mischt: Sie sollten hier also darauf achten, dass die Geschmacksrichtung des Eiswürfels zum Rezept passt.

Weitere reizvolle Deko-Elemente

Neben der klassischen Dekoration gibt es natürlich unendlich viele weitere Varianten. Experimentieren Sie je nach Rezept einmal mit:

- ganzen Schnittlauchhalmen
- Tomaten oder einer Selleriestange
- essbaren Blüten
- einzelnen Blättern einer Ananas
- Sahnehäubchen, Kakaopulver, Krokant und Schokoraspel.

Grüne Smoothies

Grüne Smoothies sind der neueste Trend aus den USA. Immer mehr Menschen schwören auf die wohltuende Wirkung der pürierten Blätter. Dabei ist die Rezeptur denkbar einfach: Grüne Smoothies bestehen zu ungefähr 50 % aus dem Grün von Blättern, Kräutern, Wildkräutern, Salaten oder Kohlsorten und zur anderen Hälfte aus Obst. Hierbei werden Kerne (z. B. die von Apfel, Birne, Zitrone, Traube, Melone und sogar Aprikose und Avocado) häufig mitverwendet, denn auch sie enthalten wertvolle Vitalstoffe. Die Kerne anderer Früchte sollten nicht verwendet werden, denn sie können zu viel Blausäure enthalten. Viele Früchte wie z. B. Apfel, Birne, Avocado oder sogar Ananas werden bewusst nicht geschält, sondern lediglich gewaschen. So versteht es sich fast schon von selbst, dass grüne Smoothies ausschließlich aus Bio-Produkten hergestellt werden sollten. Die Zutaten werden im Mixer mit klarem Wasser eine knappe Minute schaumig püriert. Länger sollte nicht püriert werden, denn das Getränk soll dabei nicht zu heiß werden, sonst würden Inhaltstoffe zerstört. Die Wassermenge bestimmt dabei, wie sämig oder flüssig die Mischung wird.

Geschmackssache

Für „Einsteiger" ist der Geschmack der grünen Wunderwaffe bisweilen gewöhnungsbedürftig, denn die geballte Kraft der grünen Blätter schmeckt herb und leicht bitter. Durch die Zugabe von Obst wird der bittere Geschmack abgemildert. Zucker oder Säfte sind als Süßungsmittel bei den grünen Smoothies nicht vorgesehen, doch können Trockenfrüchte wie z. B. Rosinen oder auch Agavendicksaft dazugemixt werden. Auch die Süße der Steviapflanze kann eingesetzt werden, um das Getränk attraktiver zu machen. Ansonsten sind der Kreativität keine Grenzen gesetzt: Samen, Sprossen und Nüsse können mitgemixt werden. Auch herzhafte Smoothies, bei denen statt Obst Gemüse verwendet wird, schmecken gut. Hier setzen Knoblauch oder Algen spannende geschmackliche Akzente.

Gesundmacher

Als Victoria Boutenko 2004 den Begriff „grüne Smoothies" für Ihre entwickelten Getränke prägte, konnte man nicht ahnen, welchen Trend sie damit auslösen würde. Die Rohkost- und Gesundheitsexpertin entwickelte im Selbstversuch ihre Mixturen und stellte schnell die wohltuende Wirkung fest. Grüne Blätter enthalten wertvolle Inhaltstoffe in Form von Vitaminen, Antioxidantien, Mineralien, Spurenelementen und sekundären Pflanzenstoffen. Sekundäre Pflanzenstoffe sind in ihrer Fülle und Wirkungsweise noch nicht vollständig wissenschaftlich analysiert, doch wird ihre gesundheitsfördernde Wirkung längst nicht mehr infrage gestellt. Zu den sekundären Pflanzenstoffen zählen zum Beispiel Flavonoide (schützen vor UV-Strahlung) oder Cannabinoide (schützen vor pathogenen Substanzen). Besonders dem Chlorophyll, also dem grünen Farbstoff der Blätter, wird dabei eine zentrale Bedeutung zugesprochen. Er wirkt als starker Antioxidant, bekämpft also wirkungsvoll freie Radikale in unserem Körper, zudem wird vermutet, dass er die Sauerstoffversorgung unterstützt und den Körper entgiftet.

Klassische Smoothies

Kirsch-Smoothie
mit Kokossirup

Für 2 große Gläser

600 g Kirschen
4 El Kokossirup
1–2 unbehandelte Limetten

1 Die Kirschen waschen, entsteinen, gut abtrocknen und mindestens eine halbe Stunde lang kühlen. Die Limetten heiß abwaschen und 2 hübsche Schalenspiralen abschneiden. Anschließend die Limetten auspressen.

2 Die Kirschen mit dem Kokossirup im Mixer pürieren, den Smoothie mit Limettensaft abschmecken und mit Schalenspiralen nach Belieben dekorieren.

Variations-Tipp

Statt Kokossirup können Sie auch 6–8 El Kokosmilch und 2 El Kokosraspeln verwenden. Dann sollten Sie den Drink allerdings zusätzlich süßen, zum Beispiel mit etwas Ahornsirup oder flüssigem Honig.

Cranberry-Smoothie
mit Weintrauben

Für 2 große Gläser

4 säuerliche Äpfel
200 g kernlose Weintrauben
100 g Cranberrys
2 Eiswürfel nach Geschmack

1 Die Äpfel, Weintrauben und Cranberrys gut waschen, putzen und verlesen. Weintrauben und Cranberries in den Mixer geben und pürieren. Die Äpfel in Stücke schneiden und entsaften.

2 Den Apfelsaft zum Fruchtmix gießen, alles gut verrühren und in Gläser füllen.

3 Wer es eisiger mag, kann vor dem Pürieren 2 Eiswürfel zu den Früchten geben.

Vitamin-Tipp

Dieser Smoothie ist eine wahre Vitaminbombe, denn besonders die Cranberrys sorgen für reichlich Vitamin C. Cranberrys oder Kranbeeren, wie sie regional auch heißen, hüpfen übrigens, wenn sie z. B. auf eine Tischplatte geworfen werden. Dieses Hüpfen ist ein Qualitätsmerkmal, denn nur frische Beeren sind elastisch genug dafür.

Rhabarber-Smoothie
mit Ahornsirup

Für 2 große Gläser

2 Stangen Rhabarber
300 ml Apfelsaft
1 Apfel
1 Banane
200 g Erdbeeren
1 El Ahornsirup
Crushed Ice

1 Den Rhabarber waschen, putzen und in Stücke schneiden. Bei geringer Hitze in Apfelsaft dünsten, bis er weich ist. Parallel den Apfel und die Banane schälen und klein schneiden, die möglichst reifen und aromatischen Erdbeeren waschen und putzen.

2 Das Obst für etwa eine halbe Stunde ins Tiefkühlfach stellen, dann alle Zutaten mit Ahornsirup und ca. 2 El Crushed Ice in den Mixer geben. Etwa 3 Minuten lang pürieren, dann sofort servieren.

Gourmet-Tipp

Ganz besonders aromatisch wird dieser Smoothie, wenn Sie etwas frisches Basilikum mit hineinmischen: Basilikum macht den Erdbeergeschmack nämlich noch vollmundiger.

Melonen-Smoothie
mit Ananas und Erdbeeren

Für 2 große Gläser

120 g Wassermelone
120 g Cantaloupe- oder Honigmelone
120 g Ananas
120 g Mango
120 g Erdbeeren
2 El Ahornsirup
200 ml Orangensaft
Crushed Ice

1 Die Melonen schälen und entkernen, Ananas und Mango schälen und alles in Stücke schneiden. Die Erdbeeren waschen und putzen und alle Zutaten außer dem Saft und dem Eis in den Mixer geben.

2 So lange pürieren bis eine homogene Masse entstanden ist. Anschließend Eis und Saft zugießen, bis das Ganze die richtige Konsistenz hat.

Deko-Tipp

Sie können diesen Smoothie auch mit einem Fruchtspieß verzieren: Nehmen Sie einen Holzspieß und stecken Sie abwechselnd Früchte der Saison darauf, z. B. blaue und grüne Trauben, Kirschen, Pflaumen-, Pfirsich- oder Bananenstücke. Früchte, die sich an der Luft unansehnlich verfärben, sollten vor dem Aufspießen mit Zitronensaft bepinselt werden.

Apfel-Smoothie mit Möhren

Für 2 große Gläser

2 säuerliche Äpfel
2 Möhren
1 Tl Ahornsirup
1 El Zitronensaft
Apfelsaft zum Verdünnen
Eiswürfel

1 Äpfel und Möhren waschen und trocknen. Äpfel vierteln und Gehäuse herausschneiden, Möhren schälen, putzen und in Stücke schneiden. Beides im Mixer pürieren.

2 Mit Ahornsirup und mit dem – möglichst frisch gepressten – Zitronensaft abschmecken. So viel Apfelsaft zugießen, bis der Smoothie die gewünschte Konsistenz erreicht hat. Nach Belieben Eiswürfel zugeben und alles sofort servieren.

Küchen-Tipp

Für das Rezept sollten Sie einen sehr guten Mixer haben, der auch mit frischen Karottenstücken fertig wird, denn mit gekauftem Karottensaft schmeckt es einfach nicht so gut.

Orangen-Ananas-Smoothie
mit Kokos

Für 2 große Gläser

1 Banane
etwas frischer Ingwer
200 ml Orangensaft
200 ml Ananassaft
1 El Kokossirup
4 El Crushed Ice

1 Die Banane schälen, den Ingwer schälen und ca. ½ Tl reiben.

2 Anschließend die Zutaten zusammen mit den Säften und dem Kokossirup in den Mixer füllen und mixen, bis die gewünschte Konsistenz erreicht ist. Mit Crushed Ice auf Gläser verteilen und sofort servieren.

Obst-Info

Ananas verträgt sich nicht sonderlich gut mit Milchprodukten und Gelatine, denn frische Ananas enthält ein Enzym, das Eiweiß abbaut. Milchprodukte werden dadurch schnell wässrig, und Gelatine verliert ihre Bindestärke. Statt Gelatine kann dann Agar-Agar verwendet werden. Bei Ananas aus der Dose gibt es dieses Enzym-Problem übrigens nicht.

Mango-Orangen-Smoothie
mit Honig

Für 2 große Gläser

2 Mangos
250 ml Orangensaft
etwas Honig
Crushed Ice

1 Die Mangos schälen und das Fruchtfleisch in Stücke schneiden.

2 Den Saft, die Fruchtstücke und ein wenig Honig in den Mixer geben und alle Zutaten auf hoher Geschwindigkeit für 30 Sekunden mixen.

3 Ein Drittel der Saftmenge mit Crushed Ice auffüllen und weitermixen, bis der Smoothie die richtige Cremigkeit hat.

Obst-Info

Reife Mangos reifen sehr schnell noch weiter nach und sind daher nur auf dem Flugweg transportierbar, was sie entsprechend teuer macht. Deshalb werden die Früchte meist halb reif geerntet und der Geschmack und die Qualität bleiben dabei gerne einmal auf der Strecke. Bräunlich verfärbtes Fruchtfleisch ist ein Indiz dafür, dass die Früchte falsch – meist zu kalt – gelagert wurden.

Ananas-Erdbeer-Smoothie
mit Sanddorn

Für 2 große Gläser

400 g Ananas
400 g Erdbeeren
1 Banane
Sanddornsirup

1 Die Ananas schälen und das harte Mittelstück entfernen. Das Fruchtfleisch in Stücke schneiden und im Mixer sehr fein pürieren. Die Erdbeeren waschen, trocken tupfen und putzen.

2 Das Ananaspüree in Eiswürfel-Behälter füllen und einfrieren. In zwei der Eiswürfelfächer ein dekoratives Stück Erdbeere geben und mit Wasser auffüllen. Die Banane schälen und zusammen mit den gefrorenen Ananaswürfeln und den Erdbeeren mixen.

3 Den Smoothie mit etwas Sanddornsirup abschmecken. In jedes Glas einen Deko-Erdbeer-Eiswürfel geben und servieren.

Obst-Info

Erdbeeren reifen nicht nach und gehören mit zu den empfindlichsten Früchten. Daher sollten immer nur reife Exemplare gekauft und diese schonend behandelt werden. Stiel und Strunk sollten immer erst nach dem Waschen vorsichtig entfernt werden. Der Strunk verhindert, dass beim Waschen Wasser in die Früchte eindringt und die Erdbeeren anschließend wässrig schmecken.

Passionsfrucht-Smoothie
mit Staudensellerie

Für 2 große Gläser

3 Stangen Staudensellerie
3 Bio-Orangen
1 Mango
5 Passionsfrüchte
Eiswürfel nach Belieben

1 Den Staudensellerie waschen und putzen. Die Orangen heiß abwaschen, die Schale abreiben und Zesten beiseitelegen. Orangen vollständig schälen, die Mango schälen, die Früchte entkernen und in Stücke schneiden.

2 Sellerie, Orangen und Mango in den Mixer füllen und pürieren. Die Passionsfrüchte aufschneiden, das Fruchtfleisch auslöffeln und mit den Orangenzesten und ein wenig Eis ebenfalls in den Mixer geben. Alles sehr kurz auf hoher Geschwindigkeit mixen und sofort servieren.

Obst-Info

Es gibt rund 150 Arten der Gattung Passiflora, von denen die meisten nicht nur wunderschöne Blüten, sondern auch wohlschmeckende Früchte liefern. Nach der Ernte schrumpft die Passionsfrucht zusammen. Dies bedeutet jedoch keinen Nachteil für den Geschmack, sondern ist ein Zeichen des Nachreifens. Die Frucht wird also auch noch während der Lagerung voller und süßer im Geschmack. Passionsfrüchte können im Kühlschrank bis zu 2 Wochen aufbewahrt werden.

Himbeer-Smoothie
mit Vanillezucker

Für 2 große Gläser

300 g Himbeeren
1 Banane
1 Tl Vanillezucker

1 Himbeeren verlesen, waschen und gut abtropfen lassen. Eine Handvoll Himbeeren beiseitelegen. Die Banane schälen.

2 Himbeeren und Banane mit dem Vanillezucker im Mixer oder mit dem Pürierstab fein pürieren, wenn gewünscht, mit etwas Wasser verdünnen.

3 Wenn der Smoothie mehr Süße vertragen kann, noch einmal mit Vanillezucker abschmecken. Smoothie auf Gläser verteilen und mit den beiseitegelegten Himbeeren dekorieren.

Vitamin-Tipp

Frische Himbeeren schmecken im Hochsommer am besten, denn nur dann haben sie Saison. Aber auch Tiefkühlfrüchte sind für einen Smoothie gut geeignet. Beim industriellen Schockfrosten, wie es die Tiefkühlhersteller einsetzen, werden die Lebensmittel extrem schnell bei Temperaturen von unter minus 30 °C schockgefrostet. Die Zellflüssigkeit bildet bei diesem Verfahren nur sehr kleine Eiskristalle, die die empfindlichen Zellstrukturen der Produkte nicht beschädigen. Vitamine, Mineralien, wichtige Inhaltsstoffe und Geschmack bleiben so optimal erhalten.

Tropischer Smoothie
mit Papaya und Mango

Für 2 große Gläser

400 ml Ananassaft
½ Mango
½ Papaya
1 Banane
10 Erdbeeren
Melisseblätter zum Verzieren

1 Ananassaft auf Eiswürfelbehälter verteilen und im Eisfach mindestens eine halbe Stunde kühlen. Mango und Papaya schälen und die Steine entfernen. Banane schälen, Erdbeeren waschen, einige schöne Exemplare beiseitelegen, den Rest putzen.

2 Alle Zutaten im Mixer pürieren, bis sie die richtige Konsistenz haben, nach Geschmack mit Wasser verdünnen. In Gläser füllen und jeweils mit einer halbierten Erdbeere und ein paar Melisseblättchen verziert servieren.

Vitamin-Tipp

Neben relativ viel Calcium, Eisen und Vitamin C bieten Mangos von sämtlichen Obstarten den höchsten Anteil an Provitamin A. Dass Vitamin A die Sehkraft verbessert, ist vielen bekannt. Mangos fördern aber auch die Hauterneuerung, sie beruhigen den Kreislauf, bringen unsere Nervenbotenstoffe auf Touren und helfen dabei, Stress abzubauen.

Mango-Kiwi-Smoothie
mit Ingwer

Für 2 große Gläser

1 walnussgroßes Stück Ingwer
1 Mango
4 Kiwis
8 Orangen
2 Limetten
12 Eiswürfel

1 Den Ingwer schälen und reiben, die Mango entkernen. Mango und Kiwis schälen, dann das Fruchtfleisch würfeln.

2 Die Orangen waschen, trocknen, halbieren und 2 Scheiben für die Dekoration beiseitelegen. Limetten und Orangen auspressen.

3 Alles zusammen mit den Eiswürfeln in einen Mixer geben und zu einem cremigen Drink pürieren. Die Orangenscheiben auf den Glasrand stecken und sofort servieren.

Obst-Info

Im Laden hat man bei Kiwis oft nur die Wahl zwischen steinharten oder allzu weichen Kiwis, und es ist schwer zu kalkulieren, wann sie denn reif sein werden. Wenn man sie aber zusammen mit einem Apfel in ein geschlossenes Gefäß legt, werden sie schneller und gleichmäßiger weich und aromatisch.

Und noch ein Tipp: Der geschälte Ingwer dieses Rezepts lässt sich problemlos durch eine gut gereinigte Knoblauchpresse drücken. Das erspart lästiges Hacken.

Wassermelonen-Smoothie
mit Limette

Für 2 große Gläser

1 unbehandelte Limette
50 g brauner Zucker
500 g Wassermelone
Crushed Ice
Zitronenmelisse zum Garnieren

1 Die Limette waschen, die Schale abreiben und den Saft auspressen. Zucker, Limettenschale und Limettensaft in 200 ml Wasser aufkochen, unter Rühren ca. 3 Minuten köcheln lassen, durchsieben und erkalten lassen.

2 Die Melone, bis auf 2 Scheiben für die Dekoration, schälen und entkernen. Restliches Fruchtfleisch pürieren und unter den Sirup mischen. Auf die Gläser verteilen und mit Crushed Ice auffüllen. Mit Melisse und Melonenscheiben garnieren.

Gourmet-Tipp

Dieser Smoothie schmeckt auch sehr gut mit Sekt: Gießen Sie die Gläser nur halb voll und füllen Sie sie mit Sekt auf. Rühren Sie dann nur kurz um, damit die Kohlensäure erhalten bleibt. Die Mengenangaben reichen in diesem Fall – je nach gewünschtem Mischungsverhältnis – für drei bis vier Personen.

Mango-Smoothie
mit Limette

Für 2 große Gläser

1 Mango
1 unbehandelte Limette
Crushed Ice

1 Die Mango schälen, den Kern entfernen und das Fruchtfleisch klein schneiden. Die Limette waschen, trocknen, die Schale abreiben und das Fruchtfleisch auspressen.

2 Mango im Mixer mit einer Handvoll Crushed Ice und dem Limettensaft fein pürieren. In 2 Longdrinkgläser füllen, mit Wasser (ohne Kohlensäure) auffüllen und mit Limettenzesten garnieren.

Obst-Info

Mangos zu schälen ist nicht ganz leicht, die Schale und der Kern sitzen recht fest am Fruchtfleisch. Mit einem Sparschäler schälen sich die Früchte leichter.

Aprikosen-Smoothie
mit Sanddornsirup

Für 2 große Gläser

300 g Aprikosen
1 Birne
1 kleine Banane
2 El Sanddornsirup
Crushed Ice
Aprikosensaft zum Verdünnen
2 Physalis zum Dekorieren

1 Die Aprikosen kreuzweise einritzen, mit kochendem Wasser übergießen, kurz einwirken lassen, dann häuten und die Steine entfernen. Die Birne waschen und das Kerngehäuse herausschneiden. Die Banane schälen.

2 Die Früchte mit dem Sirup in einen Mixer geben und gut pürieren. Anschließend etwas Crushed Ice und Aprikosensaft zufügen, nochmals kurz durchmixen und servieren.

3 Wer es lieber flüssiger mag, fügt etwas mehr Saft bzw. Wasser hinzu. Mit je einer Physalis dekorieren und servieren.

Obst-Info

Achten Sie beim Kauf darauf, dass die Aprikosen wirklich reif und süß sind, denn sie reifen nicht nach. Manche Aprikosen sehen zwar verlockend aus, aber ihr Reifungsprozess wurde absichtlich unterbrochen, damit sie längere Transportwege gut überstehen. Vom Geschmack her sind solche Früchte eher fade und mehlig und eignen sich höchstens zum Dünsten oder Backen.

Kaki-Smoothie mit Grapefruit

Für 2 große Gläser

3 Kaki-Früchte
1 Birne
1 Grapefruit
etwas Grapefruitsaft zum Verdünnen
1–2 Eiswürfel nach Geschmack

1 Die Kaki-Früchte und die Birne waschen, trocknen, putzen und schälen, bei der Birne das Kerngehäuse entfernen. Die Grapefruit waschen, halbieren und eine Scheibe für die Dekoration beiseitelegen. Anschließend sorgfältig schälen, die Kerne entfernen und das Fruchtfleisch zusammen mit den Kaki-Früchten und der Birne in den Mixer geben. So lange pürieren, bis eine homogene Masse entstanden ist.

2 Wer den Smoothie lieber etwas kühler mag, kann 1–2 Eiswürfel dazugeben. Ist der Smoothie zu dickflüssig, etwas Grapefruitsaft hinzufügen und nochmals gut durchrühren. Smoothie mit der Grapefruitscheibe dekorieren und servieren.

Obst-Info

In ihrer Beschaffenheit ähnelt die Kaki der Tomate. Unter der dünnen Haut steckt ein weiches Fruchtfleisch mit 8 oder mehr Kernen. Ihr süßes, birnen- und aprikosenartiges Aroma entfaltet die Kaki erst im vollkommen ausgereiften Zustand, denn erst dann verliert das Fruchtfleisch seinen hohen Gehalt an Gerbstoffen.

Möhren-Smoothie
mit Orange

Für 2 große Gläser

2 Möhren
1 Grapefruit
1 Orange
1 Banane
Zitronen- oder Limettensaft nach Belieben
1 Kiwi zur Dekoration

1 Möhren waschen, putzen, schälen und in Stücke schneiden. Grapefruit und Orange samt den weißen Häutchen schälen, die Filets heraustrennen und entkernen. Die Banane schälen.

2 Die Früchte und die Möhren in den Mixer geben und alles zu einer gleichmäßigen Masse pürieren. Etwas Wasser zum Verdünnen dazugeben und den Smoothie je nach Geschmack mit ein paar Spritzern Zitrone oder Limette verfeinern.

3 Die Kiwi schälen und in Scheiben schneiden. Mit den Kiwischeiben die Gläser verzieren und servieren.

Küchen-Tipp

Da beim Möhren-Smoothie das Orangen- und Grapefruit-Fruchtfleisch im Mixer zerkleinert wird, sollte man beim Filetieren darauf achten, dass absolut keine Kerne in den Mixer geraten, die im Smoothie bitter und unangenehm herausschmecken würden.

Birnen-Smoothie mit Banane

Für 2 große Gläser

1 Zitrone
4 reife Birnen
1–2 Bananen, je nach Größe
Eiswürfel oder Crushed Ice nach Belieben

1 Die Zitrone auspressen, die Birnen waschen, trocken tupfen, putzen und die Kerngehäuse entfernen. Die Banane schälen und zusammen mit den Birnen in grobe Stücke schneiden.

2 2 El Zitronensaft in den Mixer geben und die Fruchtstücke auf höchster Stufe mixen, bis das Ganze eine cremige Konsistenz bekommt. Nach Belieben Eiswürfel, Crushed Ice oder auch etwas Wasser dazugeben, um die gewünschte Temperatur und Konsistenz zu erreichen.

Gourmet-Tipp

Auf dem Bananen-Birnen-Smoothie schmeckt ein Klecks geschlagene Sahne mit Schokoraspeln äußerst lecker. Mit einem Schuss Williams-Christ-Birnenschnaps bekommt die Mischung noch zusätzlichen Pfiff – aber natürlich auch deutlich mehr Kalorien.

Tomaten-Smoothie mit Parmesan

Für 2 große Gläser

2 Tomaten
1 rote Paprika
1 Bund Rucola
1 El Basilikumpesto
1 kleines Glas Crushed Ice
200 ml Tomatensaft
Salz, Pfeffer
Tabasco
Parmesan zur Dekoration

1 Die Tomaten kreuzweise einritzen, mit kochendem Wasser überbrühen, die Haut abziehen und die Stielansätze entfernen. Die Paprikaschote und den Rucola waschen und putzen. Alles in Stücke schneiden.

2 Alle Zutaten, bis auf den Parmesan und die Gewürze, in den Mixer geben. Gut pürieren, dann mit Salz, Pfeffer und einem Schuss Tabasco abschmecken. In Gläser füllen und mit geriebenem Parmesan bestreuen oder mit einem Parmesanstück dekorieren.

Küchen-Tipp

Parmesan hält sich am längsten, wenn er erst in ein Stück Haushaltsrolle oder Pergamentpapier gewickelt und anschließend in eine Kunststoffdose in den Kühlschrank gelegt wird. Auf diese Weise kann er nicht feucht werden und hält wochenlang. Man kann Parmesan übrigens auch sehr gut einfrieren und bei Bedarf eine halbe Stunde vor der Verwendung auftauen.

Gurken-Smoothie
mit Tabasco

Für 2 große Gläser

½ Schlangengurke
½ rote Paprika
½ Frühlingszwiebel
200 ml Tomatensaft
3 Tl Zitronensaft
2 Tl Worcestershire-Sauce
¼ Tl Salz
¼ Tl frisch gemahlener Pfeffer
¼ Tl Tabasco
etwas Crushed Ice

1 Die Gurke waschen, schälen und mit einem Teelöffel die Kerne entfernen. Die Paprika waschen, putzen und trocknen. Die Frühlingszwiebel waschen und putzen. Alles in Stücke schneiden.

2 Alle Zutaten, bis auf das Crushed Ice, in den Mixer füllen und so lange pürieren, bis die Konsistenz stimmt. Anschließend für mindestens 30 Minuten ins Eisfach stellen.

3 Den Smoothie auf zwei Gläser verteilen, mit Crushed Ice auffüllen und einmal umrühren. Sofort servieren.

Deko-Tipp

Als Verzierung sieht in diesem Smoothie ein Stängel Minze, aber auch Dill sehr hübsch aus. Eine wunderschöne Dekoration für diesen Smoothie sind außerdem Borretsch-Blüten. Diese blauen und äußerst dekorativen essbaren Blüten haben ebenfalls einen leichten Gurkengeschmack und passen daher hervorragend. Dieser Smoothie ist übrigens ein großartiger Starter an einem heißen Sommertag, probieren Sie es!

Mexikanischer Smoothie
mit Guavensaft

Für 2 große Gläser

2 Papayas
1 kleine Banane
1 El Honig
300 ml Guavensaft
2 Scheiben einer unbehandelten Limette

1 Papayas aufschneiden, Kerne und Fasern entfernen, schälen und das Fruchtfleisch klein schneiden. Die Banane schälen und zusammen mit dem Fruchtfleisch der Papayas kurz im Eisfach kühlen. Anschließend im Mixer mit dem Honig pürieren.

2 Den Guavensaft unterrühren und noch einmal kurz auf hoher Stufe mixen, bis der Smoothie schön cremig ist. Mit den Limettenscheiben verzieren und servieren.

Obst-Info

Beim Kauf von Papayas ist ein Drucktest empfehlenswert: Wenn sich die Papaya mit den Fingern ein wenig eindrücken lässt, ist sie reif. Lässt sie sich zu leicht eindrücken, ist sie überreif. Die Konsistenz des Fruchtfleischs ist mit dem einer Avocado vergleichbar. Achtung: Nicht von braunen Flecken abschrecken lassen. Sie sind oft nur oberflächlich, lassen sich leicht wegschneiden und können sogar ein positives Zeichen für die Reife der Frucht sein.

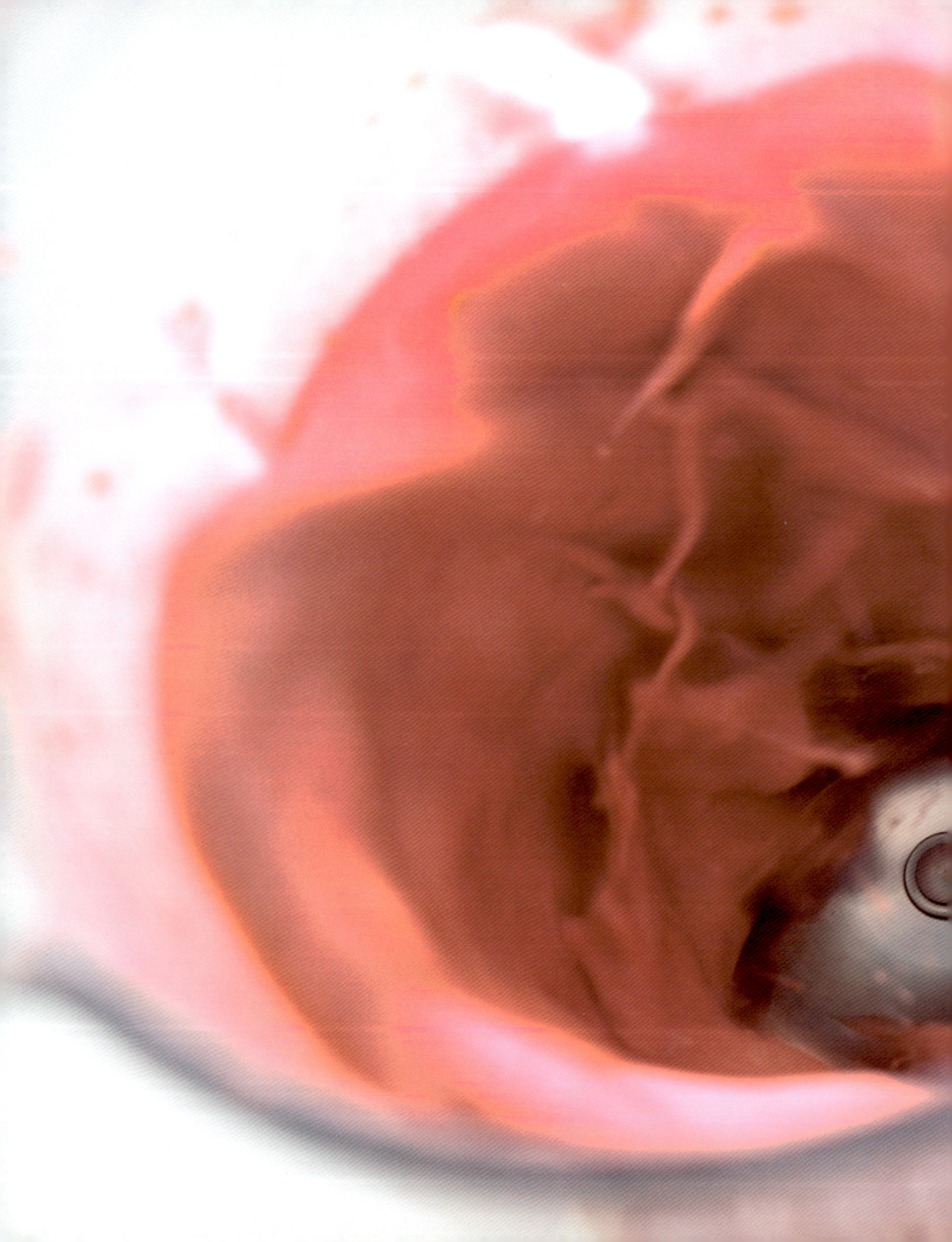

Power-Smoothies

Erdbeer-Smoothie mit Cashewkernen

Für 2 große Gläser

300 g Erdbeeren
1 unbehandelte Limette
2 Tl Honig
6 Cashewkerne
200 g fettarmer Naturjoghurt
50 ml Milch

1 Die Erdbeeren waschen und abtropfen lassen. Danach die Früchte bis auf 2 Exemplare putzen und klein schneiden. Kurz im Eisfach anfrieren lassen.

2 Die Limette waschen, Zesten für die Dekoration beiseitelegen und dann die Limette auspressen.

3 Erdbeeren, Limettensaft, Honig und Cashewkerne in einen Mixer geben und fein pürieren. Joghurt und Milch cremig rühren und mit dem Fruchtpüree mixen. In 2 Gläser füllen, mit den Limettenzesten und den Erdbeeren garnieren und servieren.

Nährstoff-Tipp

Cashewkerne sind reich an Eiweiß, B-Vitaminen, Kohlenhydraten und Mineralien. Ihr Fettgehalt ist im Vergleich zu anderen Nüssen besonders niedrig, aber durch den hohen Anteil an ungesättigten Fettsäuren außerordentlich wertvoll. Neben Calcium und Magnesium enthalten Cashewkerne viel Eisen, Phosphor und Kupfer, die für einen spürbaren und raschen Energieschub sorgen.

Beerentraum
mit Haferflocken

Für 2 große Gläser

1 Handvoll frische Heidelbeeren

1 Handvoll frische Himbeeren

1 Handvoll frische Brombeeren

1 kleine Banane

100 g Joghurt

2 El zarte Haferflocken

Honig nach Belieben

etwas Milch zum Verdünnen

1 Die Beeren waschen und abtropfen lassen. Die Banane schälen. Beeren, Banane, Joghurt und Haferflocken im Mixer auf höchster Stufe mischen.

2 Die cremige Mischung mit etwas flüssigem Honig abschmecken. Ist der Smoothie zu dickflüssig, lässt er sich gut mit etwas Milch verdünnen.

Gäste-Tipp

Wer immer eine Tiefkühl-Beerenfruchtmischung im Eisfach hat, kann diesen Smoothie bei einem Überraschungsbesuch ganz einfach und schnell zubereiten. Auch die Dekoration ist inklusive: Eine gefrorene Himbeere auf die Mischung, etwas Puderzucker darüber – fertig.

Grapefruit-Smoothie
mit Naturjoghurt

Für 2 große Gläser

50 g Erdbeeren
(frisch oder TK)
2 rosa Grapefruit
1 Banane
150 g Naturjoghurt
1 El zarte Haferflocken
1 El Erdbeersirup

1 Frische Erdbeeren waschen, trocken tupfen und putzen. Die Grapefruits so schälen, dass die weiße Haut vollständig entfernt ist. Die Filets zwischen den Trennhäuten herausschneiden, die Kerne entfernen, den Saft dabei auffangen. Die Trennhäute gut ausdrücken, denn sie enthalten meist noch einigen Saft.

2 Die Banane schälen, in Stücke teilen und mit Erdbeeren, Grapefruitfilets und Grapefruitsaft in einen Mixer geben. Joghurt, Haferflocken und Erdbeersirup zugeben. Alles kräftig durchmixen und servieren.

Gourmet-Tipp

Verwenden Sie für Smoothies am besten die sogenannten Instant-Haferflocken. Sie lösen sich besser auf und können sich so nicht am Boden des Smoothies absetzen. Instantflocken bestehen zu 100 % aus Vollkornhafer, dazu werden die gemahlenen Haferkerne zu hauchzarten Flocken verarbeitet, die sich in kalten und warmen Flüssigkeiten gleichermaßen schnell auflösen.

Erdbeer-Smoothie
mit zweierlei Melone

Für 2 große Gläser

1 Handvoll Erdbeeren
½ Cantaloupemelone
½ Honigmelone
250 g Joghurt
200 ml Milch
4 Eiswürfel

1 Erdbeeren waschen, vorsichtig trocken tupfen und putzen. Die halben Melonen entkernen und das Fruchtfleisch in Würfel schneiden.

2 Joghurt, Milch und Erdbeeren für ca. 30 Sekunden im Mixer auf hoher Stufe pürieren, anschließend Cantaloupemelone, Honigmelone und Eiswürfel hinzufügen.

3 Noch einmal für ca. 1 Minute auf hoher Geschwindigkeit mixen und sofort servieren.

Gourmet-Tipp

Wer einen reinen Melonen-Smoothie bevorzugt, kann die Erdbeeren weglassen und stattdessen eine ganze Honig- oder Cantaloupemelone verwenden. Sehr gut lässt sich dieser Smoothie auch mit Papayas oder Pepinos ergänzen. Pepinos sind saftig, süß, säurearm und der Geschmack erinnert an Zuckermelonen und Birnen. Man sollte das Fruchtfleisch nach dem Aufschneiden mit etwas Zitronensaft beträufeln, um ein Verfärben zu verhindern. Die Pepino reift bei Zimmertemperatur nach. Wenn die Schale eine blassgelbe Farbe hat, ist sie reif.

Ananas-Smoothie
mit Buttermilch

Für 2 große Gläser

600 g Ananas
1 Becher Buttermilch
2 Tl Vanillezucker
2 Tl Honig
etwas Ananassaft
Minzeblätter zum Dekorieren

1 Die Ananas schälen, das harte Mittelstück entfernen und das Fruchtfleisch in Stücke schneiden. Dann in einen Plastikbeutel füllen und mindestens 1 Stunde ins Eisfach legen.

2 Buttermilch, Vanillezucker, Honig, etwas Ananassaft und die gefrorenen Ananasstücke in den Mixer geben. So lange mixen, bis alles eine gleichmäßige, glatte Konsistenz bekommen hat.

3 Wer es lieber flüssiger mag, verdünnt mit etwas mehr Ananassaft. In Gläser füllen, mit Minzeblättchen verzieren und sofort servieren.

Obst-Info

Ob eine Ananas richtig süß ist, kann man ganz leicht testen: Versuchen Sie, eines der innersten Blätter herauszuziehen. Wenn es sich ganz leicht lösen lässt, dann ist die Ananas reif und süß. Aber Vorsicht: Wenn der untere Teil zu braun ist, bedeutet das, dass die Ananas schon Fäule hat. Lagern Sie die Ananas nicht im Kühlschrank, sondern, wenn möglich, in einem kühleren Raum oder ansonsten bei Zimmertemperatur.

Johannisbeer-Smoothie
mit Blutorangen

Für 2 große Gläser

1 Banane

1 Handvoll rote Johannisbeeren

4 Blutorangen

100 ml Milch oder Sojamilch

Eiswürfel nach Belieben

1 Die Banane schälen und das Fruchtfleisch ins Tiefkühlfach legen. Die Johannisbeeren waschen und von den Rispen streifen. 2 schöne Rispen für die Dekoration beiseitelegen.

2 Die Blutorangen auspressen und zusammen mit der Milch und den restlichen Zutaten, bis auf die Eiswürfel, im Mixer kurz auf hoher Stufe pürieren. Auf Gläser verteilen. Eiswürfel nach Belieben dazugeben, mit Johannisbeerrispen verzieren und sofort servieren.

Variations-Tipp

Dieser Smoothie schmeckt natürlich auch mit schwarzen oder weißen Johannisbeeren. Er verändert dann die Farbe und auch der Geschmack variiert nach dem Grundgeschmack der Früchte.

Rote-Bete-Smoothie
mit Sanddornnektar

Für 2 große Gläser

2 kleine Rote Bete
250 g Joghurt
10 El Sanddornnektar
Orangensaft zum Verdünnen
2 Scheiben einer unbehandelten Orange

1 Rote Bete in einem Topf mit heißem Wasser ca. 20 Minuten kochen. Anschließend schälen (hier empfehlen sich Handschuhe, weil der austretende Saft sehr stark färbt) und in grobe Stücke schneiden.

2 Mit dem Joghurt, dem Sanddornnektar und etwas Orangensaft im Mixer pürieren. In Gläser füllen, mit den Orangenscheiben dekorieren und servieren.

Gourmet-Tipp

Dieser Smoothie lässt sich im Handumdrehen in ein herzhaftes Getränk verwandeln: Statt Orangensaft und Sanddornnektar nehmen Sie eine mittelgroße Zwiebel, schälen und reiben sie fein, mixen sie mit den restlichen Zutaten und verdünnen das Ganze nach Belieben mit Wasser. Hübsch sind dann ein paar lange Schnittlauchhalme zur Dekoration.

Avocado-Smoothie
mit Mais und Paprika

Für 2 große Gläser

1 reife Avocado
1 El Zitronensaft
1 kleine, gelbe Paprika
6 El gekochter Mais
100 g Magerquark
2 Tl Sonnenblumenkerne
6 El Crushed Ice
etwas Salz oder Sojasauce

1 Die Avocado schälen, aufschneiden, den Stein entfernen, das Fruchtfleisch in Stücke schneiden und mit dem Zitronensaft beträufeln.

2 Die Paprika waschen, trocknen, putzen und in Stücke schneiden. Avocado, Paprika, Mais, Quark, Sonnenblumenkerne und Eis in den Mixer geben.

3 Gründlich mixen und nach Geschmack mit Salz oder Sojasauce würzen. Sofort servieren.

✪ Obst-Tipp

Achten Sie beim Kauf darauf, dass die Avocados ausreichend reif sind, aber noch keine Druckstellen haben. Zu harte Avocados reifen schneller nach, wenn Sie sie in eine Papiertüte wickeln und in die Nähe der Heizung legen. Auch hier hilft übrigens der „Apfeltrick“: Wenn Sie die Avocado zusammen mit einem Apfel in Papier wickeln und warm lagern, reift sie noch schneller.

Spinat-Smoothie mit getrockneten Tomaten

Für 2 große Gläser

200 g TK-Blattspinat
20 g getrocknete Tomaten
200 g Naturjoghurt
einige Thymianblättchen
Salz
Pfeffer
etwas Zitronensaft
1 Prise Zucker
Cocktailtomaten und Thymianzweige zum Garnieren

1 Blattspinat im Mixer ca. 15 Minuten antauen lassen, dann die getrockneten Tomaten, den Joghurt und ein paar gewaschene und trocken getupfte Thymianblättchen dazugeben. Alles pürieren, bis eine glatte Masse entstanden ist.

2 Anschließend das Ganze mit Salz, Pfeffer, Zitronensaft und einer Prise Zucker abschmecken. Auf Gläser verteilen.

3 Nach belieben mit Cocktailtomaten und Thymianzweigen dekorieren und servieren.

Variations-Tipp

Dieser Smoothie eignet sich hervorragend als ausgefallener Aperitif für Gäste. Noch würziger wird der Drink, wenn Sie 1 Knoblauchzehe schälen, fein hacken und in einer Pfanne mit etwas Öl kurz andünsten, abkühlen lassen und unter den Smoothie mischen.

Himbeer-Smoothie
mit Aprikosen

Für 2 große Gläser

150 g Aprikosen
½ Vanilleschote
200 ml Kefir
150 g TK-Himbeeren
Milch zum Verdünnen

1 Die Aprikosen kreuzweise einritzen, mit kochendem Wasser übergießen, Haut abziehen und entsteinen.

2 Das Mark aus der halben Vanilleschote herausschaben und alle Zutaten in einen Mixer geben.

3 Zunächst alles kurz auf kleinerer, dann auf höchster Stufe pürieren. Falls der Smoothie zu dickflüssig wird, noch etwas Milch zugeben. In 2 Gläser füllen, nach Belieben dekorieren und direkt genießen.

Gourmet-Tipp

Das Vanillearoma kommt noch besser zur Geltung, wenn Sie das Vanillemark und die halbe Vanilleschote zunächst in etwas Milch erhitzen und eine Weile ziehen lassen. Wenn Sie möchten, können Sie diesen Drink übrigens zusätzlich mit Mandellikör abrunden.

Granatapfel-Smoothie mit Blaubeeren

Für 2 große Gläser

1 Granatapfel
250 g frische oder TK-Blaubeeren
150 g Naturjoghurt
etwas Puderzucker bzw. Honig
250 ml Milch

1 Den Granatapfel aufschneiden, Fruchtkörner herausbrechen und den Saft ausdrücken. Ein paar Granatapfelkerne für die Dekoration beiseitelegen.

2 Den Granatapfelsaft zusammen mit den Blaubeeren und dem Joghurt im Mixer fein pürieren und nach Geschmack mit ein wenig Puderzucker oder Honig süßen.

3 So viel Milch dazugießen, bis die gewünschte Konsistenz erreicht ist. Mit den Granatapfelkernen dekorieren und servieren.

Variations-Tipp

Wer keine Kuhmilch mag oder verträgt, kann auch sehr gut Sojamilch verwenden. Auch für den Joghurt gibt es entsprechenden Ersatz. Vorsicht beim Herauslösen der Granatapfelkerne: Sie sind extrem saftig und können leicht ihren dunkelroten Saft verspritzen.

Buttermilch-Smoothie mit Chili

Für 2 große Gläser

1 getrocknete rote Chilischote
5 Kardamomkapseln
1 reife Banane
250 ml Buttermilch
1 Tl Sanddornsirup
3 Eiswürfel
2 Physalis zur Dekoration

1 Chilischote zerbröseln, Kardamomkapseln öffnen und die schwarzen Samen in den Mörser geben. Die Gewürze sehr fein zerstoßen.

2 Die Banane schälen und mit den Gewürzen und den restlichen Zutaten im Mixer auf höchster Stufe pürieren. Smoothie mit geöffneten Physalis dekorieren, in Gläser füllen, nach Belieben weitere Eiswürfel dazugeben und sofort servieren.

Vitamin-Tipp

Sanddornsaft enthält mit 266 Milligramm pro 100 Gramm etwa fünfmal so viel Vitamin C wie Zitronen und ist daher hervorragend zur Stärkung der Abwehrkräfte geeignet. Die Radikalen-Fänger Vitamin E und Betakarotin unterstützen diesen Effekt. Außerdem enthält Sanddorn die Vitamine B1, B2, B6 und B12 sowie jede Menge Mineralstoffe und Spurenelemente. Sie bekommen ihn im Reformhaus oder Naturkostladen.

Sunshine-Smoothie mit Weizenflocken

Für 2 große Gläser

1 Banane
2 kleine Birnen
2 El Weizenflocken
½ Becher Vanillejoghurt
200 ml Milch
1 Tl Sanddornnektar
3 El weiche Erdnussbutter
2 Orangenschnitze zur Dekoration

1 Die Banane schälen und mindestens eine halbe Stunde im Tiefkühlfach kühlen. Birnen waschen, schälen und die Kerngehäuse entfernen.

2 Die Weizenflocken unter den Joghurt rühren und ein wenig ziehen lassen. Anschließend alle Zutaten im Mixer auf höchster Stufe pürieren. In Gläser füllen, mit einem Orangenschnitz verzieren und servieren.

Nährstoff-Tipp

Erdnussbutter ist bei diesem Smoothie nicht nur aus geschmacklichen Gründen zu empfehlen. Erdnüsse sind reich an ungesättigten Fettsäuren und enthalten entgegen der landläufigen Meinung kein Cholesterin. Sie liefern reichlich Eiweiß, aber auch Vitamine, Ballast- und Mineralstoffe, darunter sogar Zink und Selen, die in der täglichen Ernährung oft Mangelware sind. Erdnüsse sind also wahre Powerkerne.

Good-Morning-Smoothie mit Weizenkleie

Für 2 große Gläser

2 reife Pfirsiche
3–4 unbehandelte Orangen
1 reife Banane
1 El zarte Haferflocken
1 El Weizenkleie
250 g Vanillejoghurt
4–5 Eiswürfel

1 Die Pfirsiche mit kochendem Wasser überbrühen, kurz ziehen lassen, dann die Haut abziehen und entsteinen.

2 Die Orangen waschen, aufschneiden, 2 Scheiben abschneiden und für die Dekoration beiseitelegen. Restliche Orangen auspressen (es sollten ca. 200 ml Saft dabei herauskommen).

3 Die Banane schälen, Haferflocken und Weizenkleie mit dem Joghurt vermischen und kurz quellen lassen.

4 Alle Zutaten in den Mixer geben und gut pürieren. Mit einer Orangenscheibe garnieren und sofort servieren.

Gourmet-Tipp

Sehr aromatisch und empfehlenswert sind Weinbergpfirsiche. Sie duften und schmecken ganz besonders köstlich. Diese in den Weinbaugebieten – z. B. an der Mosel – angebauten Pfirsiche sind sehr viel kleiner als die handelsüblichen Pfirsiche, deshalb sollten Sie für dieses Rezept mindestens die doppelte Menge verwenden. Wenn Sie die Gelegenheit haben, sollten Sie diese Pfirsichvariante unbedingt einmal ausprobieren.

Stachelbeer-Smoothie
mit Buttermilch

Für 2 große Gläser

1 Banane
2 Handvoll Stachelbeeren
250 ml Buttermilch
1 El Ahornsirup

1 Die Banane schälen, die Stachelbeeren waschen und von ihren Stielen und Blütenansätzen befreien.

2 Die Früchte erst mit einer kleinen Menge Buttermilch fein pürieren, dann die restliche Buttermilch und den Sirup hinzufügen. Auf höchster Stufe cremig mixen, auf Gläser verteilen und sofort servieren.

Einkaufs-Tipp

Stachelbeeren sollten beim Kauf noch ihre Stiel- und Blütenansätze besitzen, weil ihnen ansonsten beim Lagern Saft verloren geht. Wichtig ist auch, dass die Ansätze, genau wie die feinen Härchen auf den Beeren nicht schlaff sind. Die Früchte selbst sollen am besten von gleicher Größe und prall sein.

Avocado-Smoothie
mit Datteln

Für 2 große Gläser

15 Datteln
1 reife Avocado
500 ml kalte Milch
½ Päckchen Vanillezucker
2 El Ahornsirup
50 g geschälte Mandeln
Limetten- und Avocado-schnitze zum Garnieren

1 Die Datteln entsteinen, die Avocado schälen, halbieren, den Kern entfernen und das Fruchtfleisch in Stücke schneiden.

2 Alle Zutaten im Mixer zu einem cremigen Smoothie verarbeiten. Falls der Smoothie zu dickflüssig ist, noch etwas Milch oder Wasser zugeben und eventuell noch mit zusätzlichem Sirup abschmecken. Mit Limetten- und Avocadoschnitzen verzieren.

Variations-Tipp

Wer nur ungeschälte Mandeln zur Hand hat, übergießt sie mit kochendem Wasser, lässt sie kurz ziehen und kann sie dann ganz leicht aus der Schale drücken. Wer eine Allergie gegen Mandeln und andere Nüsse hat, muss nicht ganz auf den nussigen Geschmack verzichten: Nehmen Sie statt der Mandeln die gleiche Menge Haferflocken und rösten Sie diese in einer beschichteten Pfanne an.

Buttermilch-Smoothie
mit Pomelo und Banane

Für 2 große Gläser

1 Banane
1 Spritzer Zitronensaft
1 Pomelo (ersatzweise 2 Grapefruits)
150 ml Buttermilch
2 Tl Honig
etwas Zimt
2 Physalis zum Verzieren

1 Die Banane waschen, trocknen und halbieren. 4 Scheiben aus der Mitte heraus mit der Schale abschneiden, mit Zitronensaft beträufeln und für die Dekoration beiseitelegen. Restliche Banane schälen und grob zerkleinern.

2 Die Pomelo schälen, weiße Fasern entfernen, das Fruchtfleisch herausschneiden und entkernen. Den austretenden Saft auffangen, den restlichen Saft aus den Häutchen herauspressen.

3 Banane, Pomelo, Pomelosaft, Buttermilch und Honig im Mixer pürieren. Wenn der Drink zu dickflüssig ist, etwas mehr Buttermilch unterrühren. Smoothie in die Gläser geben, etwas Zimt darüberstreuen und mit Banane und Physalis dekorieren.

Obst-Info

Eine Pomelo wiegt um die 500 g, kann mitunter jedoch bis zu 2 kg schwer werden. Ihre weiß-gelbe bis grüne Schale ist ziemlich dick. Das Fruchtfleisch ist saftig, gelblich bis rosa. Ihr Aroma ist milder als das einer Grapefruit, das Fruchtfleisch lässt sich außerdem viel leichter filetieren. Pomelosaft harmoniert sehr gut mit saureren Zitrussäften, z. B. Limettensaft.

Apfel-Dattel-Smoothie
mit Kefir und Honig

Für 2 große Gläser

2 Äpfel
2 Tl Honig
14 Datteln
1 Becher Kefir

1 Äpfel waschen, schälen, vierteln und die Kerngehäuse entfernen. Das Fruchtfleisch in Stücke schneiden, zwei Apfelspalten beiseitelegen und mit Honig bestreichen, damit sie sich nicht verfärben. Die Datteln entsteinen und ebenfalls klein schneiden.

2 Äpfel, Datteln und ½ Becher Kefir im Mixer fein pürieren. Den restlichen Kefir dazugießen. Den Smoothie mit den glasierten Apfelspalten dekorieren und servieren.

Variations-Tipp

Dieser Smoothie bekommt ein ganz besonderes Aroma, wenn Sie etwas Quitte dazugeben. Dafür die Quitte schälen, entkernen und mit etwas Zucker und Wasser weich dünsten. Anschließend pürieren und untermischen. Wenn Sie Apfelspalten zu Dekorationszwecken verwenden möchten, schneiden Sie die Schale der „Deko-Spalte" nicht ab, das sieht hübscher aus.

Weintrauben-Smoothie
mit Kiwi und Sojamilch

Für 2 große Gläser

450 g grüne, kernlose Weintrauben
2 Kiwis
1 Banane
100 ml Joghurt
100 ml Sojamilch
1 El Honig
2 Eiswürfel

1 Die Weintrauben waschen und ein paar zum Dekorieren beiseitelegen. Die Kiwis und die Banane schälen, 1 Kiwischeibe zum Dekorieren beiseitelegen.

2 Alle Zutaten in einen Mixer geben und fein pürieren. Mit einem Weintrauben-Kiwi-Spieß dekorieren und sofort servieren.

Küchen-Tipp

Kiwis können in Milchspeisen einen leicht bitteren Geschmack annehmen. Die Bitterstoffe werden den Früchten entzogen, wenn Sie sie schälen, mit kochendem Wasser überbrühen, kurz ziehen und dann abkühlen lassen.

Gurken-Smoothie
mit Dill und Joghurt

Für 2 große Gläser

1 kleine Salatgurke
1 Bund Dill
500 ml Buttermilch
2 El Naturjoghurt
Salz
Pfeffer
Zitronensaft
Tabasco
Minze und Gurkenscheiben zur Dekoration

1 Die Salatgurke waschen, putzen, schälen und mit einem Löffel die Kerne herausschaben. Die Gurke in Stücke schneiden. Den Dill waschen und trocken schütteln.

2 Gurke, Dill, Buttermilch und Naturjoghurt miteinander pürieren, mit Salz und Pfeffer und ein paar Spritzern Zitronensaft abschmecken. Zum Schluss ein paar Tröpfchen Tabasco dazugeben. Mit Minze und Gurkenscheiben nach Belieben garnieren und servieren.

Variations-Tipp

Statt Buttermilch können Sie auch selbst gemachte Dickmilch verwenden. Hierzu benötigen Sie allerdings frische, unpasteurisierte Milch vom Bauern. Lassen Sie die Milch in kleinen Schüsseln über Nacht bei etwa 18–20 °C stehen. Durch die Wärme wird der natürliche Säuerungsprozess in Gang gesetzt, der die Milch dick werden lässt. Wer keine Milch vom Bauern zur Verfügung hat, kann im Reformhaus Dickmilch-Kulturen kaufen. Diese Kulturen geben Sie zur Supermarkt-Milch dazu.

Grüne Smoothies

Trauben-Smoothie
mit Mangold

Für 2 große Gläser

4 Blätter Mangold
1 Banane
300 g grüne Trauben
2 Orangen

1 Mangold waschen, putzen und die dicken Blattrippen entfernen. Die Blätter anschließend zerteilen. Die Banane schälen und in Stücke schneiden. Die Trauben waschen und abzupfen. Die Orangen schälen, dabei auch die weiße Haut entfernen. Die Früchte zerteilen.

2 Alles zusammen mit ca. 500 ml Wasser in den Mixer geben und schaumig pürieren.

Variations-Tipp

Die Blätter des Mangold werden bis zu 30 cm lang und ähneln dem Spinat, weswegen sie durch diesen auch leicht ersetzt werden können. Der Geschmack ist erdig und leicht süßlich. Wer es intensiver mag, nimmt Mangold mit roten Blattrippen oder entscheidet sich direkt für Kohlrabiblätter.
Wem der Smoothie nicht süß genug ist, fügt 2 El Agavendicksaft hinzu.

Apfel-Romana-Smoothie

Für 2 große Gläser

8 Blätter Romana-Salat
4 Zweige Petersilie
2 Äpfel
1 Banane
1 Spritzer Zitronensaft

1 Den Salat waschen, putzen und zerteilen. Die Petersilie waschen. Die Äpfel waschen, nicht schälen, vierteln und entkernen. Die Banane schälen und zerteilen.

2 Alles mit einem Spritzer Zitronensaft und 750 ml Wasser im Mixer schaumig pürieren.

Grünkohl-Dattel-Smoothie

Für 2 große Gläser

2–3 Grünkohlblätter
4 Datteln
1 Banane
1 Birne
½ Limette

1 Grünkohlblätter putzen, waschen, trocknen und zerteilen. Die Datteln entkernen. Die Banane schälen und in Stücke schneiden. Die Birne waschen, nicht schälen, vierteln und entkernen. Die Limette schälen.

2 Alles zusammen mit ca. 500 ml Wasser im Mixer schaumig pürieren. Je nach Geschmack kann auch etwas mehr Wasser verwendet werden.

Babyspinat-Smoothie
mit Nektarinen

Für 2 große Gläser

2 Handvoll Babyspinat
1 Stängel Pfefferminze
2 Nektarinen
2 Kiwis
1 Apfel

1 Den Spinat putzen und waschen. Die Minze waschen. Beides in den Mixer geben.

2 Die Nektarinen waschen, vierteln und entsteinen. Die Kiwis schälen und grob zerteilen. Den Apfel waschen, vierteln und entsteinen.

3 Alle Zutaten zu Spinat und Minze in den Mixer geben. 500 ml Wasser dazugießen und alles auf höchster Stufe schaumig pürieren.

Kräuter-Info

Ob Pfefferminze, arabische oder aromatisierte Minze: Die Vielfalt der Minzesorten ist schier grenzenlos – und damit auch ihre Einsatzmöglichkeiten. Mit ihrem hohen Mentholgehalt werden Pfefferminzen vor allem in der Heilkunde verwendet. Hierbei ist ihre lindernde Wirkung bei Erkrankungen der oberen Luftwege bekannt, Pfefferminze wirkt jedoch auch krampflösend.

Rote-Bete-Smoothie

Für 2 große Gläser

8 Blätter Rote Bete

1 Handvoll grüne Trauben

1 Mango

1 Avocado

1 Spritzer Zitrone

1 Die Blätter waschen, tocknen, putzen und zerkleinern. Die Trauben waschen und vom Stiel zupfen. Zusammen mit den Blättern in den Mixer geben.

2 Die Mango schälen und das Fruchtfleisch vom Stein lösen. Die Avocado waschen, halbieren und entkernen. Mitsamt der Schale in den Mixer geben. Den Zitronensaft und ca. 500 ml Wasser hinzufügen. Alles schaumig pürieren.

Gemüse-Tipp

Avocados liefern unheimlich viele Nährstoffe und ihr Fettgehalt ist mit 30 % sehr hoch. Reife Avocados sind gelbgrün bis grün, geben bei Druck leicht nach und haben fast eine cremige Konsistenz. Für eine schnellere Reifung können unreife Exemplare in einer Papiertüte in Heizungsnähe gelagert werden. Noch schneller geht es, wenn Sie die Avocados zusammen mit einem Apfel in der Papiertüte lagern.

Birnen-Smoothie
mit Möhrengrün

Für 2 große Gläser

2 Handvoll Möhrengrün
1 Handvoll Fenchelgrün
2 Birnen
4 Datteln
5 gelbe Pflaumen

1 Das Möhrengrün und das Fenchel-Grün waschen und in den Mixer geben. Die Birnen waschen, nicht schälen und vierteln. Die Kerngehäuse entfernen. Das Fruchtfleisch grob zerteilen. Zusammen mit dem Gemüsegrün in den Mixer geben.

2 Die Datteln entsteinen, die gelben Pflaumen waschen, ebenfalls entsteinen. Beides in den Mixer geben. Ca. 500 ml Wasser dazugießen und alles schaumig pürieren.

Wildkräuter-Smoothie

Für 2 große Gläser

1 Handvoll kleine Löwenzahnblätter

1 Handvoll Brennnesselblätter

½ Handvoll Malvenblätter (ersatzweise zarte Apfel- oder Kirschbaumblätter)

1 El Petersilienblätter

2 Pfirsiche

2 Orangen

1 Banane

1 Die Löwenzahnblätter waschen, putzen und grob zerteilen. Brennnesselblätter mit Handschuhen abbrausen und zusammen mit dem Löwenzahn in den Mixer geben. Die Malvenblätter und die Petersilienblätter waschen und ebenfalls dazugeben.

2 Die Pfirsiche waschen und entsteinen. Die Orangen mitsamt der weißen Haut schälen, die Früchte zerteilen und die Kerne herauslösen. Die Banane schälen und grob zerteilen. Das Obst zu den Blättern geben und alles mit ca. 500 ml Wasser schaumig pürieren. (Durch das Pürieren werden die Härchen der Brennnessel zerstört, die das Brennen verursachen.) Den Smoothie in Gläser füllen und servieren.

Kopfsalat-Smoothie
mit Aprikosen

Für 2 große Gläser

½ Kopfsalat
4 Aprikosen
2 Äpfel
1 Banane
1 kleiner Zweig Rosmarin

1 Den Salat waschen, putzen und grob zerteilen. Die Aprikosen waschen und entsteinen. Die Äpfel waschen, nicht schälen, vierteln und das Kerngehäuse entfernen. Die Früchte grob zerteilen.

2 Die Banane schälen und ebenfalls grob zerteilen. Rosmarin waschen und die Nadeln abzupfen. Grob hacken und zusammen mit allen anderen Zutaten und ca. 500 ml Wasser schaumig pürieren.

Variations-Tipp

Dieser Smoothie ist sehr variabel und Sie können ihn ganz nach Ihrem Geschmack verändern. Die Aprikosen können Sie durch Pfirsiche oder Nektarinen ersetzen, statt mit Äpfeln schmeckt der Smoothie auch gut mit Birnen, und der Kopfsalat kann durch nahezu jedes andere Blattgemüse ausgetauscht werden.

Wirsing-Ananas-Smoothie

Für 2 große Gläser

4 Blätter Wirsing
2 El Walnüsse
500 g Ananas
2 Handvoll Litschis
1 Banane

1 Die Wirsingblätter waschen und grob zerteilen. Die Walnüsse grob hacken. Die Ananas waschen, nicht schälen und grob zerteilen. Den harten Mittelstrunk entfernen.

2 Die Litschis von der Schale befreien und die Kerne herauslösen. Fruchtfleisch zusammen mit den anderen Zutaten in einen Mixer geben. Die Banane schälen, grob zerteilen und zusammen mit ca. 500 ml Wasser ebenfalls in den Mixer geben und schaumig pürieren.

Kohlrabi-Smoothie
mit Chili

Für 2 große Gläser

5 Kohlrabiblätter
2 Stangen Staudensellerie
½ rote Chilischote
2 Tomaten
½ Zitrone
2 Äpfel

1 Die Kohlrabiblätter waschen und grob zerkleinern. Staudensellerie waschen, putzen und in Stücke teilen. Die Chilischote waschen, dabei die Kerne entfernen. Die Tomaten waschen und den Stielansatz entfernen. Das Fruchtfleisch grob zerteilen.

2 Die Zitrone schälen. Die Äpfel waschen, nicht schälen, vierteln, das Kerngehäuse entfernen und das Fruchtfleisch grob zerkleinern.

3 Alle Zutaten mit ca. 500 ml Wasser in den Mixer geben und schaumig pürieren.

Smoothies deluxe

Wassermelonen-Smoothie
mit Vanilleeis

Für 2 große Gläser

400 g Wassermelone
75 g Joghurt
125 ml Milch
1 gestrichener El Puderzucker
2 Kugeln Vanilleeis

1 Die Melone halbieren, Kerne entfernen und mit dem Kugelausstecher ein paar Kugeln aus dem Melonenfleisch herausschneiden. Den Rest in Stücke schneiden.

2 Melonenstückchen, Joghurt, Milch und Zucker im Mixer glatt pürieren. Eiscreme zugeben und ein paar Sekunden mixen, bis der Smoothie schaumig und cremig ist.

3 Die Melonenkugeln auf Holzspieße stecken und den Smoothie damit dekorieren.

Obst-Info

Lycopin ist der rote Farbstoff, der Wassermelonen ihre leuchtend rote Farbe verleiht. Nur in Tomaten und Wassermelonen kommt dieser Stoff in größeren Mengen vor. Weil es die Aktivität von sogenannten „freien Radikalen“ besonders effektiv bremsen kann und wegen seiner Cholesterinsenkenden Eigenschaften, übernimmt Lycopin eine wichtige Schutzfunktion für unsere Gesundheit. Es kann vom menschlichen Körper nicht selbst produziert werden, muss also über die Nahrung aufgenommen werden.

Pfirsich-Smoothie
mit Banane und Krokant

Für 2 große Gläser

2 Pfirsiche
1 Banane
1 Glas Orangensaft
5–8 El Vanillejoghurt
2 El Krokant

1 Die Pfirsiche mit heißem Wasser überbrühen, kurz ziehen lassen, dann die Haut abziehen und die Früchte entsteinen.

2 Die Banane schälen und alle Zutaten, bis auf den Krokant, im Mixer zunächst kurz auf kleiner Stufe, dann auf höherer Stufe pürieren, bis die Mischung schön glatt ist. Mit Krokant verzieren.

Variations-Tipp

Sie können diesen Smoothie in Sekundenschnelle in einen Cocktail verwandeln: Die Gläser mit der Hälfte der Fruchtmischung füllen, etwas Cassissée darübergeben, den Rest der Mischung daraufschütten und kurz umrühren. Für eine eisig-cremige Variante sollten Sie die Früchte etwa 1 Stunde vorher ins Tiefkühlfach legen und statt Vanillejoghurt 2 Kugeln Vanilleeis verwenden.

Brombeer-Smoothie
mit Sahnequark

Für 2 große Gläser

250 g Brombeeren
½ Tl Zitronensaft
½ El Puderzucker
1 P. Vanillezucker
400 ml eiskalte Milch
25 g Sahnequark
2 Kugeln Vanilleeis
50 ml Sahne

1 Die Brombeeren verlesen, waschen und mit Küchenpapier trocken tupfen. Ein paar Beeren zum Dekorieren beiseitelegen. Die restlichen Brombeeren mit dem Zitronensaft, dem Puderzucker und ½ Päckchen Vanillezucker im Mixer pürieren. Dann Milch, Quark und Eis daruntermixen, sodass der Smoothie schön schaumig ist.

2 Die Sahne steif schlagen, dabei den restlichen Vanillezucker unterschlagen. Den Smoothie in Gläser gießen. Jedes Glas mit Schlagsahne dekorieren und mit den beiseitegelegten Brombeeren garnieren.

Deko-Tipp

Eine wunderbare Dekorationsmöglichkeit für viele Smoothies sind Eiswürfel. Suchen Sie verschiedene und besonders schöne Früchte heraus, z. B. Brombeeren, und geben Sie sie in die Fächer eines Eiswürfelbehälters. Dann mit Fruchtsaft oder Wasser auffüllen.

Bratapfel-Smoothie
mit Ingwer und Zimt

Für 2 große Gläser

2 Äpfel
1 El Butter
1 Prise Zimtpulver
1 Tl brauner Zucker
2 El zarte Haferflocken
100 g Naturjoghurt (10 %)
¼ Tl frisch geriebener Ingwer
1 Glas naturtrüber Apfelsaft oder Milch zum Verdünnen
2 Zimtstangen zum Dekorieren

1 Die Äpfel waschen, schälen, das Gehäuse herausschneiden und das Fruchtfleisch in Stücke schneiden. Die Butter in einer Pfanne erhitzen und einen der Äpfel mit Zimtpulver und braunem Zucker anbraten, bis der Zucker zu karamellisieren beginnt.

2 Den Bratapfel, den rohen Apfel, die Haferflocken und den Joghurt in den Mixer geben und die Mischung auf höchster Stufe cremig mixen. Zum Schluss mit einem Hauch Ingwer und gegebenenfalls etwas Zimt nachwürzen.

3 Wenn der Smoothie flüssiger sein soll, etwas naturtrüben Apfelsaft oder Milch dazugießen. Mit einer Zimtstange dekorieren und servieren.

Gourmet-Tipp

Dieser Smoothie eignet sich besonders im Winter, denn der gebratene Apfel verbreitet eine weihnachtliche Atmosphäre. Wenn Sie ihn für Erwachsene zubereiten, können Sie den Smoothie auch noch mit 1–2 Tl Calvados verfeinern.

Kirsch-Smoothie
mit Orange und Banane

Für 2 große Gläser

1 Orange
1 Handvoll Kirschen
1 kleine Banane
2–3 Kugeln Vanille- oder Amarenaeis
4–6 Eiswürfel

1 Die Orange so schälen, dass auch die weiße Haut entfernt ist. Dann die Fruchtfilets herausschneiden. Den austretenden Saft auffangen, restlichen Saft aus den Trennhäutchen drücken und zusammen mit den entkernten Filets in den Mixer geben.

2 Die Kirschen waschen und entsteinen, die Banane schälen und alle Zutaten in den Mixer geben. Ca. 30 Sekunden lang pürieren, nach Belieben dekorieren und sofort genießen.

Küchen-Tipp

Reife Kirschen oder Zwetschgen lassen sich oft nur mühsam entsteinen, weil das Steinobst schon recht weich ist. Legen Sie die Früchte kurz ins Tiefkühlfach, dadurch werden sie fest und das Entsteinen geht leichter von der Hand. Für eine eisigere Variante dieses Smoothies lassen Sie die Kirschen längere Zeit im Eisfach.

Schoko-Smoothie
mit Erdnussbutter

Für 2 große Gläser

2 El Kakaopulver
250 ml Milch
2 El Erdnussbutter
1 Banane
250 g Schoko- oder Vanilleeis
Schokoraspel und Erdnüsse zum Verzieren

1 Den Kakao in der Milch auflösen. Mit der Erdnussbutter, der geschälten Banane und dem Eis im Mixer cremig schlagen.

2 Smoothie in Gläser füllen und mit Schokolade und Nüssen dekorieren.

Küchen-Tipp

Schokolade im Block lässt sich problemlos raspeln, wenn man sie und die Reibe 1 Stunde vor der Verarbeitung einfriert. Die Reibungswärme wird dadurch reduziert und die Schokolade schmilzt nicht so schnell, wie sonst üblich. Außerdem bleibt die gelochte Reibe frei und setzt sich nicht mit Schokoladenraspeln zu.

Jade-Smoothie mit Gurke und Minze

Für 2 große Gläser

1 Gurke
3 Tl Minzeblättchen
300 ml Apfelsaft
5 Eiswürfel
5 Kugeln Zitronensorbet

1 Die Gurke waschen und schälen. 2 Gurkenscheiben beiseitelegen. Die Gurke längs halbieren, mit einem Löffel die Kerne herausschaben und die Gurke in den Mixer geben. Minze waschen, trocken tupfen und ein paar Blättchen zur Dekoration beiseitelegen. Die Minze mit dem Apfelsaft und den Eiswürfeln zu der Gurke geben.

2 Alles auf hoher Stufe kurz pürieren. Anschließend das Zitronensorbet schnell und gleichmäßig unterrühren. Mit Minze und den Gurkenscheiben garnieren und servieren.

Variations-Tipp

Wer den Smoothie cremiger mag, kann eine halbe pürierte Avocado dazugeben. Mischen Sie das Fruchtfleisch der Avocado zunächst mit etwas Zitronensaft, damit die schöne grüne Farbe erhalten bleibt und die Frucht nicht braun wird. Dann mixen Sie die Avocado mit den anderen Zutaten. Zum Schluss mit einer Prise Salz und einem Löffel Honig abschmecken.

Piña-Colada-Smoothie
mit Kokosmilch

Für 2 große Gläser

1 Banane
1 Babyananas oder
½ Ananas
200 ml Sahne
1 P. Vanillezucker
200 ml Kokosmilch
2 El Ahornsirup
Ananassaft zum Verdünnen
Crushed Ice

1 1 Stunde vor der Zubereitung die Banane schälen, in Stücke schneiden und im Eisfach tiefkühlen.

2 Die Ananas schälen, das harte Mittelstück entfernen und das Fruchtfleisch in Stücke schneiden. 2 schöne Ananasblätter waschen und mit 2 Stücken Ananas beiseitelegen. Sahne cremig schlagen und den Vanillezucker dabei einrieseln lassen.

3 Kokosmilch, Sirup, die gefrorene Banane, die Ananasstücke und etwas Crushed Ice auf hoher Stufe mixen, bis die Konsistenz gleichmäßig ist. Die Sahne unterrühren und nach Belieben mit Ananassaft verdünnen. Smoothie auf Gläser verteilen, dekorieren und sofort servieren.

Gourmet-Tipp

Wer will, kann diesen Smoothie ganz klassisch mit einem Schuss Rum verfeinern. Zur Dekoration eignet sich auch eine Amarena- oder Cocktailkirsche.

Schokoladen-Smoothie
mit Banane

Für 2 große Gläser

2 Bananen
400 ml Milch
Crushed Ice
2 El Schokoladensirup
etwas Kakaopulver nach Belieben

1 Die Bananen schälen. Bananen und Milch mit Crushed Ice in den Mixer füllen und auf höchster Stufe mixen.

2 Smoothie in Gläser füllen, den Schokoladensirup daraufgießen und ein paar Mal umrühren, sodass sich eine hübsche Marmorierung ergibt. Mit Kakaopulver nach Belieben bestäuben und servieren.

Gourmet-Tipp

Statt Crushed Ice können Sie auch 2–3 Kugeln Vanille- oder Schokoladeneis hineinmixen oder den Smoothie mit einem Schuss Williams-Christ-Birnenbrand verfeinern.

Cappuccino-Smoothie mit Kardamom und Zimt

Für 2 große Gläser

2 El Instant-Kaffee
4 Tl Zucker
je 1 Prise Zimt, Vanillezucker und Kardamompulver
100 ml Sahne
250 ml kalte Milch
1 El Kakao
4 Kugeln Vanilleeis
1 Banane
2 Eiswürfel
Kakaopulver, Zimtstangen oder Schokoraspel zum Garnieren

1 Kaffee und Zucker in 100 ml kochendem Wasser auflösen. Zimt, Vanillezucker und Kardamom dazugeben, etwas abkühlen lassen.

2 Sahne und kalte Milch, Kakao, 2 Kugeln Vanilleeis, die geschälte Banane und Eiswürfel dazugeben und gut durchmixen.

3 Smoothie in Gläser füllen, jeweils 1 Kugel Eis hineinsetzen, mit Kakaopulver, Zimtstangen oder Schokoraspeln garnieren und sofort genießen.

Küchen-Tipp

Dieses Rezept bietet eine hervorragende Verwendungsmöglichkeit für kalt gewordenen Espresso: Süßen Sie ihn leicht mit Vanillezucker, würzen Sie ihn mit etwas Zimt und einer Prise Kakao und gießen Sie ihn in einen Eiswürfelbereiter – so lässt er sich gut portionieren. Für das vorliegende Rezept verwenden Sie 6 Espressowürfel.

Eisiger Frucht-Smoothie mit Johannisbeeren

Für 2 große Gläser

1 Banane
200 g Johannisbeeren
200 g Blaubeeren
2 Pfirsiche
½ Bund Minze
1 El Puderzucker
Milch oder Orangensaft zum Verdünnen

1 Die Banane schälen und in Stücke schneiden, die Beeren waschen, abtropfen lassen und verlesen. Zwei Johannisbeerrispen für die Dekoration beiseitelegen. Die Pfirsiche waschen und entkernen. Alle Früchte (bis auf die beiden Johannisbeerrispen) für mindestens 1 Stunde ins Tiefkühlfach legen.

2 Die Minze waschen, trocken schütteln und die Blättchen von 2–3 Zweigen abzupfen. Die Früchte mit dem Zucker und den Minzeblättchen in den Mixer füllen. Wenn der Smoothie zu dickflüssig wird, so viel Orangensaft oder Milch dazugeben, bis er die gewünschte Konsistenz erreicht hat.

3 Smoothie auf Gläser verteilen, mit einer Johannisbeerrispe und etwas Minze verzieren und sofort servieren.

Jahreszeiten-Tipp

Diesen Smoothie können Sie auch saisonunabhängig zubereiten: Frieren Sie im Sommer diejenigen Früchte ein, die Sie besonders mögen und die nicht sowieso zur Standardausstattung der Supermarkt-Tiefkühltheke gehören. Auch pürierte Mixturen lassen sich hervorragend einfrieren. Wer ein großes Tiefkühlfach hat, kann eine breite Palette anlegen und spielerisch aus dem Vollen schöpfen.

Erdbeereis-Smoothie
mit Sahne und Vanillezucker

Für 2 große Gläser

150 g Erdbeeren
150 g Blaubeeren
150 g Erdbeereis
200 ml Milch
etwas Erdbeermarmelade
200 ml Sahne
etwas Vanillezucker

1 Erdbeeren und Blaubeeren waschen, abtropfen lassen und verlesen. Ein paar Blaubeeren für die Dekoration beiseitelegen.

2 Erdbeeren putzen und zusammen mit Erdbeereis, Milch und Marmelade im Mixer pürieren und auf die Gläser verteilen.

3 Die Blaubeeren mit 100 ml Sahne im Mixer pürieren und das Blaubeerpüree als zweite Schicht auf die Erdbeermischung gießen. Die restliche Sahne mit etwas Vanillezucker steif schlagen, je einen Klecks auf den Smoothies verteilen und mit den zurückgelegten Blaubeeren garnieren.

Gourmet-Tipp

Mischen Sie die gesamte Sahne unter die Blaubeeren und füllen Sie sie zuerst in das Glas. Anschließend die Erdbeermischung daraufgießen und zum Schluss ein wenig Erbeerlikör oder Obstbrand darüberträufeln.

Mango-Smoothie
mit Sanddornsirup

Für 2 große Gläser

2 kleine Mangos
1 Orange
250 ml Milch
1 El Sanddornsirup
4 Kugeln Vanilleeis

1 Die Mangos schälen, Fruchtfleisch vom Stein schneiden und grob würfeln. Die Orange auspressen.

2 Mangostücke, Orangensaft, Milch, Sanddornsirup und 2 Kugeln Vanilleeis in einen Mixer geben und fein pürieren. Den Smoothie auf Gläser verteilen, je 1 Kugel Vanilleeis daraufgeben und nach Belieben garnieren.

Variations-Tipp

Ersetzen Sie die Eiskugeln einmal durch 250 g geschlagene Sahne. Mango, Orangensaft und Milch im Mixer fein pürieren. Die Sahne mit 2 El Sanddornsirup vermischen und unter die Fruchtmischung heben. Ergibt eine schöne Marmorierung und schmeckt köstlich.

Erdnussbutter-Smoothie
mit Banane

Für 2 große Gläser

1 Banane
150 g Vanillejoghurt
1 Tl Erdnussbutter
250 g Milch
4 Kugeln Vanilleeis
gehackte Mandeln zur Dekoration

1 Die Banane schälen, in Stücke schneiden und für mindestens 1 Stunde ins Gefrierfach legen. Den Joghurt für die gleiche Zeit ins Tiefkühlfach stellen.

2 Die tiefgekühlten Zutaten und die Erdnussbutter im Mixer fein pürieren, dann die Milch und das Vanilleeis dazugeben. Alles so lange mixen, bis eine cremige Konsistenz erreicht ist.

3 Smoothie auf Gläser verteilen und mit gehackten Mandeln bestreuen.

Küchen-Tipp

Erdnussbutter lässt sich ganz leicht selbst herstellen: 125 g Erdnüsse von den Schalen und den braunen Häutchen befreien. In einer beschichteten Pfanne auf mittlerer Temperatur leicht rösten, bis sie anfangen zu duften. Nüsse im Mixer pürieren und nur so viel Erdnussöl zufügen, dass die Erdnussbutter geschmeidig wird. Mit einer Prise Salz und Zucker abschmecken.

Avocado-Smoothie
mit Gurke und Sellerie

Für 2 große Gläser

6 cm Schlangengurke
4 Stangen Staudensellerie
1 Orange
1 Kugel Zitronensorbet
½ reife Avocado
½ Wassermelone

1 Die Gurke und den Sellerie waschen, putzen und trocken tupfen. Den Sellerie in Stücke schneiden, die Gurke entkernen und ebenfalls in Stücke schneiden. Die Orange schälen und auch von den weißen Fasern befreien. Die Orange filetieren (dabei den Saft auffangen), entkernen und die Filets mit dem Saft, dem Sellerie und dem Zitronensorbet im Mixer auf höchster Stufe sehr fein pürieren.

2 Das Avocadofruchtfleisch zu der Orangen-Sellerie-Masse in den Mixer geben und kurz durchmixen. Die Wassermelone schälen und entkernen, mit dem Melonenausstecher ein paar Kugeln herausschneiden und beiseitelegen. Das restliche Fruchtfleisch zusammen mit der Gurke in den Mixer geben und noch einmal kurz mixen. Die Melonenkugeln auf einen Holzspieß stecken und den Smoothie damit garnieren.

Vitamin-Tipp

Wassermelonen reifen nicht nach, darum sollte man versuchen, möglichst reife Früchte zu kaufen.

Apfel-Smoothie mit Minze und Ingwer

Für 2 große Gläser

5 Zweige Minze
2 Äpfel
1 kleines Stück Ingwer
250 ml Apfelsaft
2 El Ahornsirup
2 Kugeln Zitronensorbet
1 Tl Zimt
½ Tl Muskat
1 El Limettensaft
6 Scheiben einer unbehandelten Limette zum Verzieren

1 Die Minze waschen, trocken schütteln, die Blättchen abzupfen und fein hacken. Die Äpfel und den Ingwer schälen, Ingwer reiben, die Äpfel vom Kerngehäuse befreien und das Fruchtfleisch klein schneiden.

2 Ingwer zusammen mit den Äpfeln, dem Apfelsaft, dem Sirup und dem Zitronensorbet in den Mixer geben und so lange mixen, bis die gewünschte Konsistenz erreicht ist.

3 Anschließend mit den Gewürzen, dem Limettensaft und der Minze gründlich verrühren. In Gläser geben und mit den Limettenscheiben verzieren.

Küchen-Tipp

Angeschnittenes Obst wird an der Luft nicht braun, wenn man es nach dem Schneiden kurz in eine Schale mit Salzwasser legt. Auf eine kleine Schale sollten Sie 2–3 Prisen Salz verwenden. Das Obst schmeckt nicht salzig und z. B. Bananen werden auch nach 2 Stunden an der Luft nicht braun.

Karamell-Smoothie
mit Maracujanektar

Für 2 große Gläser

1 kleine Banane
5 weiche Karamellbonbons
3 El Karamellsirup
1 Glas Crushed Ice
100 ml Maracujanektar
250 ml Milch oder Sojamilch
100 ml Kokosmilch

1 Die Banane schälen und in Stücke schneiden. 1 Karamellbonbon beiseitelegen. Die restlichen Bonbons mit der Banane, dem Sirup und etwas Crushed Ice im Mixer auf höchster Stufe pürieren.

2 Die restlichen Zutaten dazugeben, schaumig mixen und in Gläser gießen. Ein Karamellbonbon fein zerbröseln und dies oder etwas Krokant auf den Smoothies verteilen. Sofort servieren.

Variations-Tipp

Auch in der folgenden Variante schmeckt der Smoothie sehr lecker: Lassen Sie den Karamellsirup zunächst weg und geben Sie die Deko-Karamellbonbons dazu. Mixen Sie den Smoothie wie gehabt und gießen Sie den Karamellsirup anschließend über den fertigen Smoothie.

Holunder-Smoothie
mit Litschis

Für 2 große Gläser
5 Holunderdolden
1 El Zitronensaft
2 El Puderzucker
10 Litschis
6 Eiswürfel
Mineralwasser zum Auffüllen

1 Die Holunderdolden waschen und abtropfen lassen, die Blüten abzupfen und mit 300 ml Wasser übergießen. Zitronensaft und Puderzucker dazugeben und alles kurz aufkochen. Dann vollständig abkühlen lassen.

2 Litschis schälen und entsteinen, 2 Früchte beiseitelegen. Eiswürfel und Litschis in den Mixer geben, kurz pürieren, dann mit dem Holunderwasser übergießen und umrühren. Auf Gläser verteilen, mit Mineralwasser auffüllen und mit jeweils einer Litschi verzieren.

Deko-Tipp
Lösen Sie 2 El Zucker in einem Glas Wasser vollständig auf und geben ein paar Spritzer Zitronensaft dazu. Holunderblüten von den Dolden zupfen und reichlich Holunderblüten in das Wasser geben. Alles gut verrühren und eine Weile durchziehen lassen. Die Mischung in einen Eiswürfelbehälter füllen und gefrieren lassen. Ergibt dekorative Eiswürfel mit zarten Blütensternchen.

Strawberry-Smoothie
mit Minze und Zitrone

Für 2 große Gläser

100 g Erdbeeren
½ Bund frische Minze
1 kleine Zitrone
100 g Joghurt
100 ml Milch
100 g Erdbeereis

1 Die Erdbeeren waschen, trocken tupfen und putzen. Die Minze waschen und trocken schütteln. Etwas Minze für die Dekoration beiseitelegen.

2 Minzeblättchen abzupfen, die Zitrone auspressen und den Saft zusammen mit den restlichen Zutaten auf mittlerer Stufe cremig pürieren. Smoothie auf Gläser verteilen und mit Minze garnieren.

Gourmet-Tipp

Noch mehr Minz-Aroma bekommen Sie, wenn Sie reichlich Minzeblättchen mit kochendem Wasser aufgießen, mit etwas Honig süßen und gut durchziehen lassen. Anschließend etwas abgekühlt unter den Smoothie rühren. Wenn Sie den Minz-Sud verwenden, lassen Sie eine entsprechende Menge Milch weg, damit das Ganze nicht zu flüssig wird.

Vanille-Smoothie
mit Mohn und Himbeeren

Für 2 große Gläser

1 Vanilleschote
100 ml Milch
2 El Zucker
2 El gemahlener Mohn
300 g Vollmilchjoghurt
300 g Himbeeren
1 P. Vanillezucker
etwas Blutorangensaft
Zitronenmelisse zum Garnieren

1 Die Vanilleschote aufschlitzen und das Mark herauskratzen. Mark und Schote mit der Milch, dem Zucker und dem gemahlenen Mohn in einem Topf aufkochen und abkühlen lassen, Joghurt untermischen.

2 Himbeeren waschen und verlesen. In ein Sieb geben und abtropfen lassen, mit Vanillezucker und ca. 6 El Blutorangensaft fein pürieren.

3 Mohnmischung auf zwei Gläser verteilen, Himbeermischung darübergeben und im Kreis rühren, sodass ein Marmoreffekt entsteht. Kurz kühl stellen, dann mit Zitronenmelisse dekorieren und servieren.

Nährstoff-Tipp

Mohnsamen bzw. das daraus gewonnene Öl enthalten große Mengen an Linolsäure, einer wertvollen Fettsäure, die mit der Nahrung zugeführt werden muss, weil der Körper sie nicht selbst herstellen kann. Um den Geschmack und die Nährstoffe des Mohns zu verstärken, sollten sie ihn auf jeden Fall fein mahlen. Der Mohn wird dadurch leicht ölig und aromatischer. Gemahlenen Mohn kann man allerdings nicht allzu lange aufbewahren, weil er schnell ranzig wird.

Papaya-Smoothie mit Cassis

Für 2 große Gläser

1 reife Papaya
4 Kugeln Vanilleeis
Vanillemilch zum Verdünnen
etwas Cassis

1 Die Papaya schälen, dann halbieren und die Kerne und Fasern entfernen. Das Fruchtfleisch in Stücke schneiden und zusammen mit dem Vanilleeis in den Mixer geben.

2 Alles auf höchster Stufe nur so lange mixen, bis die Konsistenz gleichmäßig und cremig ist. Wenn der Smoothie noch zu dickflüssig ist, mit etwas Vanillemilch verdünnen.

3 Auf 2 große Gläser verteilen und mit einem Schuss Cassis dekorieren. Sofort servieren.

Obst-Tipp

Da Papayas relativ schnell verderben, sollte man sie zügig verarbeiten. Im Kühlschrank kann man sie nur 2–3 Tage aufbewahren. Wenn sie bei Zimmertemperatur gelagert werden, werden sie schnell überreif. Sie sollten Papayas übrigens nie bei Temperaturen unter 7 °C lagern, denn dann bekommen sie Kälteschäden.

Cocktailkirschen-Smoothie
mit Kirschsirup

Für 2 große Gläser

1 Handvoll Kirschen
150 ml Milch
150 ml Sahne
100 ml Kirschsirup
300 ml Kirschnektar
3 Eiswürfel
etwas geschlagene Sahne und 2 Cocktailkirschen zum Dekorieren

1 Kirschen waschen, trocken tupfen, von den Stielen und Kernen befreien und in den Mixer geben. Die Kirschen erst alleine auf höchster Stufe pürieren, dann alle anderen Zutaten dazugeben.

2 Nochmals schaumig mixen, in Gläser füllen und mit einem Tupfer geschlagener Sahne und einer Cocktailkirsche servieren.

Küchen-Tipp

Kirschsirup ist leicht herzustellen: Geben Sie 300 ml Kirschsaft, 300 g Rohrzucker, 1 Stange Zimt (oder ½ Tl Zimt), etwas Sternanis und 1 Nelke in einen Topf. Alles sprudelnd aufkochen und ca. 15 Minuten köcheln lassen, bis der Saft deutlich eindickt. Die Gewürze herausnehmen, heiß in eine Flasche abfüllen und abkühlen lassen.

Saftshakes & Co.

Ingwer-Limonade mit Rosenwasser

Für 2 große Gläser

3 Limetten
1 El Vanillezucker
2 El brauner Zucker
2–3 Tl frischer Ingwer, fein gerieben
600 ml Mineralwasser
2–3 Tl Himbeer- oder Johannisbeersirup
1 Tl Rosenwasser
Eiswürfel nach Belieben
Minzezweige zum Garnieren

1 Die Limetten auspressen und mit beiden Zuckersorten und dem Ingwer in einer Schüssel mischen. So lange rühren, bis sich der Zucker aufgelöst hat, dann vorsichtig das Mineralwasser zugeben.

2 Zum Schluss den Sirup und das Rosenwasser einrühren. Zusammen mit Eiswürfeln in schlanke Gläser gießen und mit Minze garnieren.

Deko-Tipp

Falls Sie eigene, ungespritzte Rosen haben, können Sie die Limonade zum ganz besonderen Eyecatcher machen: Einfach 2–3 Rosenblätter ins Glas geben und darauf die Limonade gießen.

Trauben-Grapefruit-Mix mit Maracujasirup

Für 2 große Gläser

1 unbehandelte Zitrone
300 ml roter Traubensaft
300 ml Grapefruitsaft
2 El Maracujasirup
Crushed Ice
4 Zitronenscheiben zum Garnieren

1 Die Zitrone heiß waschen, trocknen und die Zitronenschale abreiben. Das Fruchtfleisch auspressen. Die Säfte und den Sirup in einen Shaker oder Mixer füllen und gut durchmischen. Mit Zitronensaft und Zitronenschalenzesten abschmecken.

2 Etwas Crushed Ice in Gläser füllen und den Saft darübergießen. Mit Zitronenscheiben verzieren und sofort servieren.

Obst-Info

Trauben enthalten schnell für den Körper verfügbaren Traubenzucker, ein entsprechender Energieschub ist also garantiert. Trauben fördern zudem die Entschlackung und liefern gleichzeitig reichlich wichtige Nährstoffe. In den Traubenschalen befinden sich natürliche Anti-Aging-Stoffe, sogenannte Polyphenole, die vor freien Radikalen schützen, vorzeitiger Fältchenbildung vorbeugen und die Produktion neuer Zellen anregen.

Sunshine-Shake
mit Möhrensaft

Für 2 große Gläser

5 Orangen
1 reife Papaya
150 ml Möhrensaft
Crushed Ice
etwas Ahornsirup zum Abschmecken
Cocktailkirschen zum Dekorieren

1 Die Orangen auspressen, die Papaya schälen, entkernen und durch ein Sieb pressen. Beide Säfte zusammen mit dem Möhrensaft und der Papaya in einen Mixer füllen und kurz durchmixen.

2 Crushed Ice und Sirup dazugeben und kurz untermixen. Den Shake in Gläser füllen, mit Cocktailkirschen verzieren und sofort servieren.

Deko-Tipp

Die Farbe dieses Smoothies wird noch intensiver, wenn Sie eine Blutorange daruntermischen. Sehr hübsch ist es auch, jeweils einen Schuss Grenadine auf die Gläser zu verteilen und dann vorsichtig mit dem Saft aufzufüllen.

Passionsfrucht-Punch
mit Schlangengurke

Für 2 große Gläser

3 Orangen
6 cm Schlangengurke
200 ml Passionsfruchtnektar
2 El Maracujasirup
etwas Crushed Ice
2 Scheiben einer unbehandelten Orange zum Dekorieren

1 Die Orangen auspressen, die Gurke schälen, mit einem Löffel die Kerne entfernen, das Fruchtfleisch in Stücke schneiden und durch ein Sieb pressen.

2 Die Gurke zusammen mit Saft, Nektar, Sirup und ca. 1 Glas Wasser in einen Shaker gießen. Etwas Crushed Ice dazugeben und alles gut schütteln. Punch auf Gläser verteilen, mit Orangenscheiben verzieren und sofort servieren.

Gourmet-Tipp

Sehr pikant wird dieser Smoothie, wenn Sie ein wenig frischen Ingwer dazugeben: Den Ingwer schälen, reiben und ca. ¼ Tl davon unterrühren.

Kiwi-Melonen-Shake
mit braunem Zucker

Für 2 große Gläser

1 gekühlte Galia-Melone
3 gekühlte Kiwis
200 ml Orangensaft
etwas brauner Zucker
2 Spritzer Zitronensaft
Eiswürfel nach Belieben
2 Scheiben einer unbehandelten Zitrone oder Orange zum Dekorieren

1 Die Galia-Melone halbieren, Kerne und Fasern in der Mitte entfernen. Die Kiwis schälen und den Strunk herausschneiden. Fruchtfleisch von Melone und Kiwis durch ein Sieb pressen und den Saft auffangen.

2 Alle Zutaten gemeinsam in den Shaker geben und kräftig mischen, bis sich der Zucker aufgelöst hat. Auf Eis in Gläser gießen, mit den Zitronenscheiben dekorieren und sofort servieren.

Variations-Tipp

Wer diesen Shake gehaltvoller mag, kann eine halbe Avocado dazugeben. Löffeln Sie das Fruchtfleisch der Avocado heraus und mischen Sie es mit ein paar Spritzern Zitronensaft, damit das Fruchtfleisch nicht braun wird. Bereiten Sie den Shake mit Avocado dann allerdings im Mixer zu.

Kiwi-Erdbeer-Shake
mit Honig

Für 2 große Gläser

1 Kiwi
250 g Erdbeeren
100 ml Bananensaft
150 ml Apfelsaft
2 El Honig

1 Die Kiwi schälen und 2 Kiwischeiben für die Dekoration beiseitelegen. Die restliche Kiwi in sehr kleine Stücke schneiden. Die Erdbeeren waschen und putzen, 2 Erdbeeren ebenfalls zurücklegen.

2 Die restlichen Erdbeeren in den Entsafter geben. Den Erdbeersaft zusammen mit allen anderen Zutaten in einem Shaker gut mischen. Dann den Saft-Mix auf die Gläser verteilen, mit jeweils einem Fruchtspießchen dekorieren und mit einem Löffel servieren.

Deko-Tipp

Um die Farben dieses Smoothies hervorzuheben, pürieren Sie Kiwis und Erdbeeren jeweils einzeln mit etwas Honig und geben das so gewonnene Kiwi- bzw. Erdbeermark in einen Eiswürfelbereiter. Wenn möglich, wählen Sie für jedes Fruchtpüree eine andere Eiswürfelform. Wenn das Fruchtmus fest ist, geben Sie es anschließend als grüne und rote Dekoration in den Smoothie.

Erdbeer-Blaubeer-Shake
mit Orangensaft

Für 2 große Gläser

200 g Erdbeeren
200 g Blaubeeren
400 ml Orangensaft
2 Tl Honig oder Ahornsirup
Eiswürfel oder Crushed Ice nach Belieben

1 Die Erdbeeren und Blaubeeren waschen, gegebenenfalls putzen und entsaften. Den Orangensaft dazugeben.

2 Alles zusammen mit dem Honig bzw. dem Ahornsirup in einen Mixer geben. Wer es lieber eisig mag, kann Eiswürfel oder etwas Crushed Ice mitmixen.

Variations-Tipp

Dieser Shake lässt sich wunderbar mit verschiedenen Milcheissorten „versüßen". Vanille-, Blaubeer- und Erdbeereis liegen natürlich nahe, aber versuchen Sie es einmal mit 2–4 Kugeln Walnusseis: eine herrliche Sommerleckerei!

Himbeerwürfel-Shake
mit Apfel und Orange

Für 2 große Gläser

150 g Himbeeren
3 Orangen
4 Äpfel
200 ml Bananensaft
1–2 El Ahornsirup

1 Die Himbeeren waschen, in ein Sieb geben und abtropfen lassen, dann pürieren. Das Himbeerpüree in einen Eiswürfelbehälter geben und im Eisfach gefrieren lassen.

2 Die Orangen auspressen und den Saft auffangen, die Äpfel waschen und entsaften. Orangen-, Apfel- und Bananensaft zusammen mit dem Sirup in einen Shaker geben und gut mischen. Die Himbeer-Eiswürfel dazugeben und servieren.

Produkt-Info

Ahornsirup ist von seiner dickflüssigen Konsistenz her ähnlich wie flüssiger Honig und daher ideal zum Süßen von Mixgetränken. Der Sirup wird aus dem eingedickten Saft von Ahornbäumen gewonnen. Ahornsirup enthält zwar viele Mineralstoffe, aber kaum Vitamine, denn der Saft wird bis zu 50 Mal aufgekocht, um die sirupartige Konsistenz zu erreichen. Je heller die bernsteinähnliche Farbe des Sirups ist, desto milder das Aroma und desto besser seine Qualität.

Ananas-Cocktail mit Orangensaft

Für 2 große Gläser

150 ml Ananassirup
150 ml Orangensaft
150 ml Zitronensaft
8 Eiswürfel
etwas Schokosauce und geschlagene Sahne zum Verzieren

1 Sirup und Säfte in einen Shaker geben und gut mischen.

2 Die Eiswürfel auf zwei Gläser verteilen und den Saft darübergießen. Mit einem Klecks geschlagener Sahne und etwas Schokosauce dekorieren und sofort servieren.

Nährstoff-Info

Ananas ist nicht nur lecker, sondern auch gesund. Mit 100 g der Frucht decken Sie mehrfach Ihren Tagesbedarf an Kalium, Kalzium und Magnesium, und auch Vitamin C ist reichlich in den Früchten enthalten.

Maracuja-Shake
mit Passionsfrüchten

Für 2 große Gläser

2 Passionsfrüchte
½ Zitrone
5 unbehandelte Orangen
Crushed Ice
1 Glas Maracujanektar

1 Passionsfrüchte halbieren und auslöffeln. Zitrone und Orangen waschen, zwei Orangenscheiben zur Dekoration herausschneiden und beiseitelegen, den Rest auspressen.

2 Die Gläser mit Crushed Ice füllen und vorkühlen. Ca. 1 Glas weiteres Crushed Ice in einen Mixer geben und Nektar, Säfte und das Fruchtfleisch der Passionsfrüchte zugeben. Alles ca. 30 Sekunden auf höchster Stufe mixen.

3 Das Eis aus den Gläsern entfernen und den Drink in die Gläser geben. Glas nach Belieben mit Crushed Ice auffüllen, mit den Orangenscheiben dekorieren und sofort servieren.

Küchen-Tipp

Statt Orangensaft verwenden Sie Grapefruitsaft und dekorieren den Drink mit zwei halben Grapefruitscheiben. Ausgepresste, unbehandelte Zitronen können Sie übrigens dünn abreiben, auf Küchenkrepp ausbreiten und trocknen lassen. Dann die Zesten zu Pulver verarbeiten und als Aromazutat für Süßspeisen, Kuchen oder Sommerdrinks verwenden.

Granatapfel-Sprudel mit Ginger Ale

Für 2 große Gläser

1 Granatapfel

1 Zitrone

¼ gekühlte Wassermelone

½ cm Ingwer

300 ml Ginger Ale oder Sprudelwasser

1 Den Granatapfel aufschneiden, die Fruchtkerne herausdrücken und den Saft auspressen. Die Zitrone ebenfalls auspressen. Die Melone schälen, zwei Stücke zum Dekorieren beiseitelegen, den Rest durch ein Sieb drücken und den Saft auffangen.

2 Ingwer schälen und ca. ½ Tl fein reiben. Alle Zutaten, bis auf das Ginger Ale, verrühren oder im Shaker gut mischen.

3 Die Gläser zu ¼ mit dem Shake füllen und mit Ginger Ale auffüllen. Kurz sanft umrühren und mit Melonenstücken dekoriert servieren.

Obst-Info

Granatapfel bzw. frischer Granatapfelsaft beugt vorzeitiger Alterung und der Arterienverkalkung vor. In den USA gilt der aromatische Saft des Granatapfels inzwischen als Gesundheitssaft des Jahrzehnts. In Hollywood ist er zum beliebtesten Pausengetränk am Drehort avanciert.

Frozen Peach-Daiquiri mit Puderzucker

Für 2 große Gläser

3 unbehandelte Limetten
4 Tl Puderzucker
400 ml Pfirsichsaft
etwas Zucker für den Crusta-Rand
Crushed-Ice

1 Die Limetten waschen, trocknen und 2 Scheiben für die Dekoration beiseitelegen. Die Früchte anschließend auspressen. Aus etwas Saft und Zucker einen Crusta-Rand herstellen. Anschließend die Gläser in den Kühlschrank stellen.

2 Restlichen Limetten- und Pfirsichsaft mit dem Puderzucker und einer Handvoll Crushed Ice gut durchrühren oder schütteln. Den Drink vorsichtig in die Gläser gießen und sofort servieren.

Variations-Tipp

Dieser Drink lässt sich mit 1–2 reifen Pfirsichen und einer halben Banane leicht in einen klassischen Smoothie verwandeln. Die Früchte dafür waschen, in Stücke schneiden und mit dem Pfirsich- und Limettensaft sowie dem Puderzucker mixen.

Ananas-Maracuja-Shake
mit weißer Schokolade

Für 2 große Gläser

Crushed Ice
½ Zitrone
200 ml Maracujanektar
200 ml Ananassaft
100 ml Pfirsichnektar
2 El Amarettosirup
2 Stückchen weiße Schokolade
2 Cocktailkirschen

1 Die Gläser mit Crushed Ice füllen und vorkühlen. Die Zitrone auspressen und 2 El Zitronensaft mit allen Zutaten bis auf die Schokolade und die Cocktailkirschen kurz auf höchster Stufe mixen.

2 Das Eis aus den vorgekühlten Gläsern entfernen und den Drink in die Gläser gießen. Jedes Glas mit einem Stück Schokolade und einer Cocktailkirsche verzieren und sofort servieren.

Deko-Tipp

Geben Sie zuerst einen guten Schuss Grenadine in die Gläser und füllen Sie dann mit dem Saft auf. Rühren Sie einmal um und schon hat der Drink einen schönen roten Verlauf. Zur Dekoration eignen sich auch hier Amarenakirschen.

Mai-Cocktail
mit Waldmeister

Für 2 große Gläser

1 Bund Waldmeister
200 g Zucker
1 unbehandelte Zitrone (ersatzweise ¼ l Waldmeistersirup)
200 ml Apfelsaft
200 ml Mineralwasser
Eiswürfel nach Belieben

1 Den Waldmeister waschen und putzen, die Stängel mit einem Faden zusammenbinden und in einen Topf mit ½ Liter Wasser, dem Zucker und einer Zitronenscheibe geben. Aufkochen und um ca. die Hälfte einkochen lassen. Dann den Topf vom Herd nehmen und ca. 25 Minuten ziehen lassen. Wem das zu aufwendig ist oder wer keinen frischen Waldmeister zur Hand hat, kann auch einfach gekauften Waldmeistersirup verwenden.

2 Die restliche Zitrone auspressen und den Saft mit dem Waldmeistersirup in eine Karaffe geben und gut durchrühren. Mit Apfelsaft und Mineralwasser auffüllen und nochmals gut umrühren. In den Kühlschrank stellen und mindestens 25 Minuten ziehen lassen, dann mit Eiswürfeln nach Belieben servieren.

Juanitas-Mix mit Erdbeersirup

Für 2 große Gläser

2 Erdbeeren
200 ml Maracujasaft
200 ml Ananassaft
2 El Erdbeersirup
100 ml Mineralwasser

1 Die Erdbeeren waschen und mit Stiel und Grün zur Dekoration beiseitelegen. Anschließend alle übrigen Zutaten bis auf das Mineralwasser in einen Shaker geben und gut mixen.

2 Den Mix auf die Gläser verteilen, alles mit Mineralwasser auffüllen und mit den zurückgelegten Erdbeeren dekorieren. Sofort servieren.

Variations-Tipp

Wer keinen Erdbeersirup zur Hand hat, kann auch Himbeersirup und ein paar frische Himbeeren als Dekoration verwenden. Am späteren Abend können Sie außerdem noch einen Schuss Himbeergeist dazugeben.

Milch-Mixideen

Grüner Junge mit Kefir

Für 2 Gläser

1 kleine Schlangengurke
300 ml Kefir
1 El scharfer Senf
2 El grob gehackter Kerbel
1 Tl Sonnenblumenöl
Salz
Pfeffer

1 Die Gurke waschen und klein schneiden. 200 g davon in den Mixer geben. Kefir, Senf, Kerbel und Sonnenblumenöl dazugeben und mixen.

2 Mit Salz und Pfeffer abschmecken und auf zwei große Gläser verteilen. Mit Gurkenscheiben garnieren.

Deko-Tipp

Eine besonders hübsche Dekoration erzielen Sie mit einer Gurkenspirale. Hierfür die Gurke zunächst heiß abwaschen, trocken tupfen und an beiden Enden ein Stück abschneiden. Vorsichtig den Stiel eines Holzkochlöffels der Länge nach durch die Gurke stecken. Nun mit dem Messer die Gurke rundherum bis zum Stiel spiralförmig einschneiden, sodass eine zusammenhängende Spirale entsteht. Den Stiel vorsichtig wieder aus der Gurke ziehen und ein Stück Gurkenspirale an den Glasrand hängen.

Kräuter-Cocktail mit Naturjoghurt

Für 1 Glas

1 Handvoll Kräuter nach Belieben
1 Eigelb
10 cl Milch
1 Tl Zitronensaft
Salz, Pfeffer
Paprikapulver
2 Tl Crème fraîche
2 El Naturjoghurt
Eiswürfel

1 Die fein geschnittenen Kräuter bis auf ein wenig Grün zur Dekoration mit den übrigen Zutaten im Mixer mit 2 Eiswürfeln durchmixen. In ein vorgekühltes Glas gießen und mit Kräutern dekorieren.

Variations-Tipp

Für diesen Kräuter-Cocktail sollten ausschließlich frische Kräuter verwendet werden. Der Phantasie sind dabei kaum Grenzen gesetzt, denn erlaubt ist alles, was schmeckt. Für einen klassischen Kräuter-Cocktail verwenden Sie beispielsweise Schnittlauch, Dill, Petersilie, Kerbel, Kresse, Zitronenmelisse, Sauerampfer, Borretsch oder Pimpinelle. Einen mediterranen Cocktail erhalten Sie, wenn Sie z. B. Oregano, Basilikum, Minze und Estragon mischen. Asiatisch wird's mit Asia-Schnittlauch, Thai-Basilikum und Koriander. Für alle Kräuter gilt: Vor der Verwendung waschen und trocken schütteln!

Apfel-Möhren-Shake
mit Ahornsirup

Für 4 Gläser

2 Äpfel
600 ml kalte Milch
150 ml Möhrensaft
2 El Ahornsirup

1 Die Äpfel schälen, das Kerngehäuse entfernen und die Äpfel in dünne Spalten schneiden. Zusammen mit der Milch in den Mixer geben und pürieren.

2 Möhrensaft und Ahornsirup zur Apfelmilch geben und alles nochmals gut durchmixen. Die Drinks auf Gläser verteilen und mit Trinkhalm servieren.

Deko-Tipp

Für den Apfel-Möhren-Shake eignen sich kleine Möhren ganz hervorragend als Dekoration. Suchen Sie sich ein ganz besonders schönes Exemplar heraus. Die Möhre waschen, trocken tupfen, schälen, das Grün aber stehen lassen. Die Möhre dann einfach mit zwei farbigen Trinkhalmen in den Shake stellen und als Rührstäbchen verwenden. Wem das noch nicht reicht, der kann zusätzlich noch 1–2 Apfelspalten an den Glasrand hängen.

Buttermilch-Shake
mit Honig

Für 4 Gläser

1 l Buttermilch
250 g exotische Obstmischung (frisch oder tiefgekühlt)
2–3 El Honig
2–3 El Sahne
2–3 El fein gewiegte Küchenkräuter
2–3 El Tomatensaft
2–3 El Crème fraîche
1 El Sahnemeerrettich
Selleriestangen zum Garnieren

1 Die Buttermilch mit den etwas angetauten Früchten, dem Honig und der Sahne im Mixer fein pürieren.

2 Kräuter, Tomatensaft, Crème fraîche und Meerrettich unter die Buttermilch rühren. Den Shake mit Selleriestangen garniert servieren.

Variations-Tipp

Exotische Obstmischungen gibt es als Tiefkühlprodukt fertig zu kaufen. Sie enthalten meist Pfirsichsegmente, Ananasstückchen, gelbe und grüne Melonenbällchen, Kiwischeiben und Mangowürfel. Noch besser schmeckt der Buttermilch-Shake natürlich mit frischem Obst. Probieren Sie doch auch einmal eine Mischung aus Ananas, Karambola, Litschi, Papaya und Pitahaya. Als Dekoration eignet sich wunderbar eine Physalis, die an den Glasrand gesteckt wird.

Gurken-Cocktail
mit Joghurt und Schnittlauch

Für 4 Gläser

1 große Gartengurke
2 Becher Joghurt
1 Prise Salz
1 Prise Zucker
Schnittlauch zum Garnieren

1 Die Gurke waschen, halbieren, entkernen und in Würfel schneiden. Gurkenwürfel mit Joghurt, Salz und Zucker im Mixer pürieren.

2 Den gut gekühlten Gurkenjoghurt in Gläser füllen und mit klein geschnittenem Schnittlauch verzieren.

Variations-Tipp

Diesen Gurken-Cocktail können Sie ganz leicht nach Belieben variieren. Wie wäre es zum Beispiel mit einer scharfen Variante? Würzen Sie den Gurken-Cocktail hierfür mit etwas grünem Tabasco oder Cayennepfeffer. Auch Ingwer passt gut zu diesem erfrischenden Mix. Hierfür ein Stück frischen Ingwer schälen und fein gerieben zur Gurke geben. Verzieren können Sie den Cocktail mit der Gurkenspirale von Seite 206.

Möhren-Kefir-Drink
mit Anis

Für 2–3 Gläser

500 ml Kefir
Saft von 1 Zitrone
weißer Pfeffer
250 g Möhren
2 El Honig
1/2 Tl Anis (gemahlen)

1 Kefir mit Zitronensaft und Pfeffer verrühren. Möhren waschen, putzen, fein raspeln und mit Honig und Anis im Mixer pürieren. Dabei etwas Kefir zugießen und mit restlichem Kefir auffüllen. Nochmals gut durchmischen und kühl servieren.

Gewürz-Info

Anis, auch „süßer Kümmel" genannt, galt bereits bei den Völkern der Antike als Heilmittel, Gewürz und Aphrodisiakum. Sein intensives, einzigartig süßlich-würziges Aroma in Verbindung mit seiner verdauungsfördernden Wirkung macht Anis zudem als Spirituosengewürz beliebt – bekannt in Pernod, Pastis, Arrak und Ouzo. Gemahlener Anis verliert schnell sein Aroma, weshalb man ihn als ganze Frucht aufbewahren und erst kurz vor Gebrauch zerstoßen sollte.

Möhren-Milch-Mix
mit Apfel

Für 1 Glas

1/4 Apfel
1 Eigelb
6 cl Milch
6 cl Möhrensaft
1 Tl Honig
Eiswürfel
1 Babykarotte zum Garnieren

1 Apfel schälen und entkernen. Das Apfelviertel mit Eigelb, Milch, Möhrensaft und Honig im Mixer mit 2 Eiswürfeln pürieren. In ein vorgekühltes Glas gießen und mit der Babykarotte dekorieren.

Gemüse-Info

Die Möhre ist mit rund 300 Arten eine der weltweit wichtigsten Gemüsesorten. Meist finden Sie die gelbe Möhre im Handel. Die rote ist etwas seltener zu finden. Es gibt auch weiße und violett gefärbte Möhren; geschmacklich unterscheiden sich diese von den gelben Sorten aber kaum. Ernährungsphysiologisch sind Möhren besonders wichtig aufgrund ihres Karotingehalts.

Fitness-Cocktail
mit Möhrensaft und Ei

Für 4 Gläser

1/4 l Möhrensaft
200 g Joghurt
4 Eier
Salz, Pfeffer
1 Prise Cayennepfeffer
2 El Schnittlauch
1 El Petersilie
2 El Zitronenmelisse
350 ml Mineralwasser
Kräuter zum Garnieren

1 Möhrensaft, Joghurt und die rohen Eier im Mixer kräftig mixen. Mit Salz, Pfeffer und Cayennepfeffer abschmecken. Fein geschnittenen Schnittlauch, gehackte Petersilie und Zitronenmelisse unterziehen und auf 4 Gläser verteilen. Mit dem Wasser auffüllen und mit Kräutern garnieren.

Gesundheits-Tipp

Da hier rohe Eier zum Einsatz kommen, achten Sie darauf, dass Sie nur ganz frische Exemplare für diesen Cocktail verwenden. Für Kinder und schwangere Frauen ist dieser Drink aufgrund der rohen Eier nicht geeignet. Sie können diese aber einfach weglassen und stattdessen die Saft- und Joghurtmenge erhöhen.

Herbie mit Tabasco

Für 2 Gläser

250 ml Buttermilch
100 ml Karottensaft
4 El Tomatenketchup
2 El Dill
weißer Pfeffer
Selleriesalz
Tabasco
Dillzweige zum Garnieren

1 Buttermilch, Karottensaft, Tomatenketchup und fein gewiegten Dill im Mixer gut verquirlen. Den Drink mit den Gewürzen abschmecken, in 2 Gläser füllen und mit Dillzweigen dekorieren.

Küchen-Tipp

Ketchup können Sie auch ganz leicht selbst herstellen: 3 kg Tomaten putzen, waschen, grob würfeln und in einen Topf geben. 5 Knoblauchzehen und 150 g Zwiebeln schälen, hacken und dazugeben. 30 g getrocknete Tomaten würfeln und mit 150 ml Apfelessig, 75 g Zucker, 8 Gewürznelken, 4 Kardamomkapseln, je 2 Tl scharfem Paprikapulver und Salz sowie je ½ Tl gemahlenem schwarzen Pfeffer, Piment, Muskatblüte und Zimt dazugeben. Verrühren und offen 2 Stunden um 1/3 einköcheln lassen. Durch ein Sieb streichen, nochmals aufkochen und so lange köcheln lassen, bis das Ketchup dicklich ist. Kochend heiß in Flaschen abfüllen, sofort verschließen und für 10 Minuten auf den Kopf stellen. Geöffnete Flaschen im Kühlschrank aufbewahren.

Marathon
mit Trauben

Für 1 Glas

100 ml Milch
50 ml roter Traubensaft
50 ml Orangensaft
1 Eigelb
1 Tl Traubenzucker
Eiswürfel
1 Orangenscheibe
dunkle Trauben

1 Milch, Säfte, Eigelb und den Traubenzucker im Shaker mit 3–4 Eiswürfeln kräftig schütteln. In ein hohes Glas abseihen. Mit Orangenscheibe und Trauben dekorieren.

Obst-Info

Trauben enthalten viel Kalium, Folsäure und Vitamin C, die Schale enthält viele Ballaststoffe. Allerdings enthalten Trauben auch viel Zucker. Gerade dunkle Trauben punkten aber durch die farbgebenden sekundären Pflanzenstoffe, die als gesundheitsfördernd eingestuft werden. Der Vorteil von Traubenzucker ist seine einfache Struktur, d. h. der Körper kann ihn blitzschnell aufnehmen und binnen kürzester Zeit Energiereserven freisetzen.

Tropical Hit
mit Maracuja

Für 2 Gläser

400 ml Buttermilch
1/4 l Maracujasaft
1/4 l Birnensaft
Crushed Ice
Fruchtstücke zur Dekoration

1 Buttermilch und Säfte mit dem Handmixer gut verquirlen. Crushed Ice hinzugeben und nochmals kurz mixen.

2 Eiskalt in hohen Gläsern mit Trinkhalmen und Fruchtspießen nach Belieben servieren.

Obst-Info

Da die Birne nicht so gut lagerfähig ist wie der Apfel, ist sie nicht in großer Sortenvielfalt das ganze Jahr über anzutreffen. Die klassische Birnensaison geht von September bis März. Die wenigsten der rund 5000 Sorten spielen wirtschaftlich eine Rolle. Die drei wichtigsten Sorten heißen Conference, Abate Fetel und Williams Christ. Verwenden Sie für diesen Cocktail ausschließlich weiche Butterbirnen. Noch sämiger wird der Drink, wenn Sie die Birne schälen und das Fruchtfleisch pürieren.

Mango-Lassi
mit Naturjoghurt

Für 2 Gläser

200 g Mango
250 g Naturjoghurt
4 Tl Zucker
1 Tl Zitronensaft

1 Die Mango schälen und würfeln. Alle Zutaten zusammen mit 130 ml Wasser im Mixer fein pürieren, mit Zitronensaft abschmecken und nach Belieben dekorieren. Gekühlt servieren.

Variations-Tipp

Lassi ist ein ursprünglich aus Indien stammendes Erfrischungsgetränk. Es besteht immer aus Joghurt, Wasser und Zitronensaft und wird gerne zu scharfen Speisen genossen, da sein Fettgehalt die Schärfe mildert und die Verdaulichkeit erhöht. Einen würzigen Lassi erhält man, wenn man beispielsweise gerösteten und gemahlenen Kreuzkümmel, frischen Kerbel oder Gurke hinzufügt. Anschließend mit Salz abschmecken. Die süße Variante, wie unser Mango-Lassi, schmeckt auch mit Litschis, Erdbeeren, Bananen, Melonen oder Rosenwasser.

Tomaten-Kefir mit Knoblauchpulver

Für 1 Glas

150 ml Kefir
100 g pürierte Tomaten
1 Tl Zitronensaft
1 El Schnittlauchröllchen
etwas Knoblauchpulver
Pfeffer
1 Prise Salz
Kirschtomate und Basilikum zum Dekorieren

1 Kefir, pürierte Tomaten, Zitronensaft und Schnittlauch im Mixer gut pürieren. Mit den Gewürzen abschmecken, in ein dekoratives Glas füllen und mit Kirschtomatenstückchen und Basilikum garniert servieren.

Gourmet-Tipp

Noch feiner wird der Tomatendrink, wenn Sie passierte statt pürierte Tomaten nehmen. Hierfür 2 Tomaten kreuzweise einritzen und kurz in kochendes Wasser legen, bis die Haut aufplatzt. Anschließend kurz abkühlen lassen, häuten und den Stielansatz entfernen. Die Tomaten grob hacken und mithilfe der Flotten Lotte passieren. Sollten Sie keine Flotte Lotte im Haus haben, die Tomaten mit einer Gabel durch ein Sieb streichen. Die bitteren Tomatenkerne bleiben dann im Sieb hängen.

Birnen-Möhren-Cocktail
mit Kokos

Für 2 Gläser

3 Birnen
100 ml Möhrensaft
4 Tl Kokosraspel
1/4 l Buttermilch
250 g Vollmilchjoghurt
1 El Kokoscreme (Dose)
Eiswürfel

1 Birnen halbieren und entkernen, mit Möhrensaft, 2 Tl Kokosraspeln, Buttermilch, Joghurt, Kokoscreme und ein paar Eiswürfeln pürieren.

2 Mit Eiswürfeln auf Gläser verteilen. 2 Tl Kokosraspel ohne Fett hellbraun rösten und über die Cocktails streuen.

Produkt-Info

Die Kokosnuss ist die Frucht der tropischen Kokospalme. Kokosraspel werden aus ihrem Fruchtfleisch hergestellt. Kokoscreme ist nicht zu verwechseln mit der deutlich flüssigeren und geschmacksärmeren Kokosmilch. Kokoscreme ist vielmehr eine dickflüssige Creme aus eingedicktem Kokosfett, Kokosmilch und Rohrzucker.

Bananen-Kefir
mit Sanddornsaft

Für 1 Glas

1 mittelgroße Banane
200 ml Kefir
50 ml Mineralwasser
1–2 El Sanddornsaft (ungesüßt)
1–2 El Zitronen- oder Limettensaft
Minzeblättchen in Streifen

1 Banane schälen und in grobe Stücke schneiden. Mit Kefir, Mineralwasser und Säften im Elektromixer auf höchster Stufe pürieren. In ein Longdrinkglas füllen und mit Minze dekorieren.

Obst-Info

Sanddorn stammt ursprünglich aus Nepal, heute ist er jedoch weit verbreitet. Die Beeren sind sehr weich und enthalten neben vielen ätherischen Ölen auch Gerbstoffe, Karotine, Vitamin B 12 und eine ungewöhnlich hohe Menge an Vitamin C. Da die Ernte schwer ist und die Sträucher erst nach 6–8 Jahren ausreichend Früchte tragen, sind Sanddornbeeren und -produkte relativ teuer.

Melonenmilch
mit Orangen

Für 2 Gläser

½ reife Galiamelone
2 El Zitronensaft
300 ml kalte Vollmilch
4 cl Orangensaft
Orangenstückchen

1 Die Melone schälen und die Kerne mit einem Löffel herauslösen. Das Fruchtfleisch klein schneiden, einige Stückchen beiseitelegen, das restliche Fruchtfleisch mit dem Pürierstab pürieren.

2 Den Zitronensaft unter das Püree rühren. Das Melonenpüree mit Milch und Orangensaft auffüllen.

3 Alles noch einmal gut durchmixen, in 2 Longdrinkgläser füllen und mit Fruchtstückchen garniert servieren.

Obst-Info

Die Galiamelone ist eine Sorte der Netzmelone, die in Israel als Kreuzung von Ogenmelone und Honigmelone gezüchtet wurde. Sie wird daneben hauptsächlich in Spanien angebaut. Sie wiegt ca. 1 kg und hat eine grüne bis orangefarbene Schale. Zur Mitte hin wird sie deutlich süßer und aromatischer. Geschmacklich erinnert sie an Nektarinen. Das innerste Fruchtfleisch ist beinahe cremig.

Rezeptverzeichnis

Bildnachweis:
TLC-Fotostudio (S. 104–125, 204–236);
Studio Klaus Arras (alle übrigen Fotos)

Autoren:
Nina Engels (S. 17, 107–124);
Susanne Grünklee (restliche Texte und Rezepte)